『最可惜一片江山總付與啼鴃』每誦古人詞無非紅愁綠慘一字一淚盖傷心人別有懷抱於乎鄭思肖所謂詞發於愛國之心余作是圖寧無感焉

天津橋聽鵑圖

樊於期以首付荊卿
燕丹養士
志報彊秦
佼哉於期
殺身成仁
百衰

雲南雜誌週年紀念特別大贈彩定購全年票

發行廣告

本報自開辦以來爲日雖淺而發行之數已立于最多地位且因此而各省志士得以了解雲南之現狀及與祖國存亡之關係於是救雲南即所以救中國之心沛然興起普及全國而本省人士亦因本報之警提奮發振勵不敢再事放棄以貽吾漢族羞轉亡爲存端在于此弊社同人等欣喜之至莫可名狀爰借第一年告終愛讀諸君不能不定購第二年之機會倣各文明國各大報館贈彩辦法犧牲絕大利益以酬愛讀盛意並以博諸君子之一笑至弊社此舉不過欲愈推廣本報于本省及各省以達上開之圓滿目的並介紹內外著名各大報于一般社會共收度文明結果更無分毫圖利之意存于其中區區苦心久爲學界所共諒無俟贅呈至此舉不惟爲吾國報界從來未有之創舉且較之此邦所舉尤多有過之者謹呈之如下

(一)日本舉行福引(即吾國贈彩之意)多有照原價略增頗有類于賭博者此則概照原價

(二)日本彩票頭彩至多不過百十元(如博文館)此則五百元

(三)日本增彩其中彩人數止占數百分之一此則無一人落空

(四)日本彩物多有以廢物相抵者此則純係現金

此外特點不勝枚舉賜覽詳章即可概見

(一)凡定購本社所出書報及本社所代派各報滿下開額數者除填給收條外並呈開彩番號票一張開彩後得持票領取左開第三條各彩中所中之一彩

(甲)「雲南雜誌」每定購全年一分贈一彩(不論自何號起至何號止且不論專買某數號或某一號均可總以滿十二本爲全年丁同)

乙「漢譯法人必取雲南之原因及其方法」每購豫約卷一分贈一彩

丙「中外日報神州日報時事畫報日華新報等報」每定購全年一分贈一彩

丁滇話報武學雜誌英語學雜誌四川雜誌河南雜誌學海國報農桑雜誌夏聲雜誌晉乘等報每定購全年二分贈二彩（注意）每甲報全年二分或甲報乙報全年各一分相合抑或甲報乙報各半年與丙報全年一分相合又或甲乙丙丁半年分相合均爲二分均贈一彩又數人合成一彩亦得

（二）假定發行總數二萬票中彩彩數二萬張無一人落彩　此係據本　前屆發行總數及代派總數從實推定實際當可增至若干倍但數增亦增數減亦減譬如增多一倍則頭彩可增至千圓貳彩二百圓參彩百元四彩十圓五彩以下增票不增錢減下一半則頭彩減至二百五十圓二彩五十圓三彩二十五圓四彩貳圓五五彩以下減票不減錢餘類推數之多寡當于開彩前一禮拜登報發表

（三）總彩金額壹萬圓分配如下

一等	五百圓	一支	（計五百圓）
二等	壹百圓	三支	（計三百圓）
三等	五十圓	十五支	（計七百五十圓）
四等	五圓	百五十支	（計七百五十圓）
五等	壹圓	壹千支	（計壹千圓）
六等	五角	二千五百支	（計千二百五十圓）
七等	本社臨時增刊滇粹一大冊值三角一分郵費在內	一萬六千三百三十一支	（計五千六十二圓六角一分）

合計　二萬彩　九千六百拾二圓六角一

（注意）分配未完之數即作爲開彩之一切費用

（四）開彩日期中歷六月二十九日凡代派及臨時代理諸君務須照本社臨時代派規則于截止時將通知書全部及報資郵費立寄本社過期則本社止能寄報不能贈彩

（五）開彩豫定于東京錦輝館用東西各大報館最通行之抽籤法開彩屆時當豫行登報請各位讀者臨場監視並專函請各大報館代表者代爲揭曉以表本社信用開畢並當廣登中外各報

（六）發行截止期限因道路之遠近定之如下

東京舊歷六月二十日北京上海天津保定漢口廣州香港桂林新加坡安南河南江西緬甸雲南省城四川省城（但此二處係用電報回信）等舊歷處六月初十日雲南各府縣四川各府縣貴州省城舊歷五月二十日

（七）凡送彩于本社定購者則于發表後一禮拜于各代派處及代理處定購者則于匯到該處之三日後自開送日起統以一個月爲限逾期不取作爲無効

（八）凡賜取彩金均須將所中番號票持往查對無訛立即交出其失去番號票者無効但遠處由郵向本社定購者所中彩物逕由本社直寄彩到時須將番號票郵還

（九）凡中第七彩者則由本社照定購時所開住址直寄

（十）中一二三四各等彩者應提十分之一贈經手者

(十一)凡欲將所中彩金託本社購買新書者本社當照定價代購郵費自出其有因爲數太少不便匯兌或匯兌不通者均由本社買相當書藉郵贈

(十二)凡本社代派各報若于定購者所訂期間內廢刊則本社當將不足之分取回託經手者奉還本人或以本報作抵以保本社固有信用凡本社代派東京各報自此次起每號均由本社取來親發決不致誤

(十三)凡定本社書報一切均照日洋作算按現下價値作銀八錢二分作英洋及龍洋一元一角三分

(十四)凡軍人定購本報及豫約劵者減讓報資二成定購本社代派各報者減讓報資半成以表本社尊重軍人之意但以直接向本社及省城支社定購者爲限

(十五)凡裁取本號紀念定購票直接向本社及本省省城支社定購書報者減讓半成(但郵費不減)

(十六)凡此次定購可于下開各處其有不能直接于各處購買者統祈郵向本社訂購 郵購可用中國或日本每枚一分之郵票照所定報資郵費之數加十分之之一裝入信內寄來本社當立寄收條及番號票于本人

紀念定購票

報　年　分自　號起
報　年　分自　號起
訂購
報　年　分自　號起
豫約劵　分
祈寄于
處交　收爲盼
具

週年紀念代派處及臨時代理處住址

日本

- 本社　東京神田區駿河臺西紅梅町六番地
- 滇話出張所　神田猿樂町十九番地
- 中國會館　神田鈴木町十九番地
- 日華書局　神田三崎町一之八
- 同文館　早稻田大學前
- 振華書局　神田今川小路
- 永新祥　横濱

中國

- 本社支社　雲南省城
- 崇正書局　雲南省城及通海蒙自
- 武子廉君　雲南騰越
- 新聞縱覽社　雲南永昌
- 公益會社　雲南通
- 義豐泰　雲南大理
- 福全臻君　雲南下關
- 汪新泉　雲南嵩明楊林
- 元興昌號　雲南箇舊
- 萬瑞號　雲南蒙自
- 中外日報社　上海四馬路
- 神州日報社　上海四馬路
- 昌明公司　上海漢口
- 滇學堂　北京珠巢街
- 雲南會館　保定
- 時事畫報社　廣東省城
- 大河書局　河南省城
- 公益書局　陝西省城
- 晉新書社　山西省城
- 浣花書局　北京
- 粵西雜誌社支部　廣西梧州

誌社支部西川雜 四川省城及重慶

劉春和君 四川敘府南大門內

安定書局 四川省城代街

正本女學堂 四川瀘州府

錢良駿君 貴州省城法政學堂

寶善書局 四川嘉定府

各國

生利昌號 緬甸瓦城

張煥池君 安南河內行帆街

米永興號 香港永樂西街

中興日報社 新加坡

（十七）凡書報除本省省城支社係由本社直接運送外其餘各處均以由本社直接郵寄與本人爲定其有郵便不通須託某處代轉者書報須于規定外每冊加收五分日報加收一分存于代轉處以爲照章補郵之用（按淸國野蠻郵章凡自外洋寄來書報無論原貼若干均有第一二類之欠資均須由收件人補出）

各書報定價及郵費表

月刊 雲南雜誌 東京 （報資）全年二元 半年一元一 （郵費）內國郵每冊一分 外國郵每冊八分

漢譯法人必取雲南之原因及其方法 洋裝一大冊定價四元豫約卷二元五角 日本及中國不收郵費外洋每冊加收一角六分

日刊 中外日報 上海 （中國）每日寄全年八元半年四元五日寄全年七元二半年三元二學堂減半郵費無卜國 （外洋）逐日寄全年十六元半年八元七日寄全年十二元半年六元 （日本）全年六元半年三元以上三項閏月均照加

			報資	郵費
月刊	神時日報	上海	中國外洋與中外日報同	日本全年七元
月三回	時事畫報	廣東	中國全年六元無郵費下同	外國全年七元半年三元五閏月照加
月六回	日華新報	東京	全年三元五角	中國三角六分外洋一元三角二分
月刊	滇話報	東京	全一年元	中國及日本全年二角四外洋四角八
月刊	四川雜誌	東京	全年二元半年一元一	中日每冊一分外洋每冊八分
月刊	河南雜誌	東京	同上	中國每冊四分外洋八分
月刊	國報	東京	同上	同上
月刊	夏聲	東京	同上	同上
月刊	農桑雜誌	東京	同上	同上
月刊	新女界	東京	同上	同上
月刊	粵西雜誌	東京	同上	同上
月刊	江西雜誌	東京	同上	同上
月刊	武學雜誌	東京	同上	同上
月刊	學海	東京	同上	同上
月刊	晉乘	東京	全年一元二角角半七角	中日二分外洋六分

地方自治制度叢編豫約劵

立憲基礎。首在地方自治。自治團體成立。憲政組織完全。我國有鑒於玆。故直隸全省選派士紳來東專習自治制度。時間雖促。而選訂功課。皆爲適用之方針。是以本社同人。分法政之餘功。錄講師之口述。祇以草々從事。謬誤頗多。乃復組合名流。參攷纂正。如本科所講憲法選舉法警察戶籍法敎育行政府縣郡制市町村制七門。其有講師未經述完者。悉本本人著述以續之。而於東西諸大家學說。尤博採而貫通焉。義理既精。採擇斯易。誠爲我國急時之善本。識者閱之。自知本書內容。非尋常盜名者比也。

本書持徵有四

(一)凡名詞下皆以漢文釋之　(二)附載歐美各國自治圖及直隸自治章程

(三)參攷各門東西本書原文　(四)本編計千餘頁校對精切裝訂堅美爲輸入文明起見時價每部一圓三角

發行各省書局皆有

北省聯合編輯社　總經理人　鮑樸啓

論著

對於要求開設國會者之感喟

鴻飛

首章　感喟之總意

嗚呼我同胞置身於今日之中國岌岌乎殆哉有不可終日之勢矣跼蹐於異族鈐制之下圈圉於暴政梏桎之中屈苦莫能言慘狀莫能繪爲奴爲隸爲馬牛聽其俎臠封割而無計而無辭此蓋東西各國現世所未聞而爲我同胞特別獨受之奇禍

加以昏瞶之君主惡劣之官吏方且日日進行其壓制之手段以虐迫我平民而未有底止國家之存亡更付之於無足輕重無關痛癢之列苟可以達其專橫之目的輘轢之手腕者即不惜出全力以運用之匪特逞一己之暴虐行爲且引外人種種攝精吸脂之術以朘削我平民而固其盤據根深之專制惡政如近日蘇浙鐵道其置國權若草莽視平民如螻蟻且復派兵八千海陸並進以爲起反抗者之大慘殺所過州郡悉被荼毒名爲靖亂實同盜賊彈劾之書屢上而皆置若罔聞推其用意之所在不過欲達此試威運動之目的使我平民不敢有所正視其用心至酷其行事至險而其以我平民供彼之刀鋸斧鉞亦恬焉而不以爲異此誠我同胞公共之傷心莫不思所以自立自振以除去此惡劣政府而恢復我人權以特立於自由之天而後已也雖然君主官吏之所以爲此而悍然不顧者蓋亦非無故而云然也彼其擁高位享厚祿嘯傲河山優游歲月爲其所欲爲樂其所欲樂意嚮之所在即經營之以自適內政外交不惟己身不置一言且忌衆人中有畧言者亦必排斥之而使去不顧民艱不惜民隱不念民力惟施多方名目以强悍而收括我平民之膏

脂而爲我平民之稍有利益之政則旣未嘗一有所設施以專橫爲安享之前提以利己爲卓絕之主義然其所以能爲此者蓋利我平民之不識不知故能肆其大逆不道之惡劣行爲若我平民知其爲無道之舉動從而指摘或竟以多數人之輿論起而反抗則政府亦不問其理之是非事之曲直惟以施絕對之于涉爲要素蓋不如是則不足以保其放縱自由之行動且使民權一張則政府事事皆有責任彼等以無學無識之身豈能經此衆人之彈劾則責任政府旣成立後而此輩必歸於淘汰而無疑彼等亦旣見及此故必出死力以與我平民抗其專橫政治多保存一日則其富貴尊榮多遷延一日其專橫政治早拋棄一日則其富貴尊榮早喪失一日

故時至今日政府與平民旣成絕對不相容之勢政府所據之利益即平民所蒙之損害政府所被之損害即平民所爭之利益故政府自爲計以酷虐平民爲無上之長策若平民自爲計又以脫離政府爲最完之遠謀

蓋其利害相反其得失相敵而其不能調和亦可斷言而不待龜筮由是言之則我平民之在今日既思所以自全則即當以絕對不能與此惡劣政府兩立爲第一要義夫人生天地間本非有特別階級劃分於其際同是方趾同是圓顱既無特異之質又何有特異之辨則君主亦平民官吏亦平民而平民亦與君主官吏無以異此固可爲斷言者今以如斯之君主官吏乃竟行其若有特異於人之十目十手之氣象豈爲彼輩之正當權利而爲我平民之應奉義務耶抑爲彼輩之大反常經而爲我平民之不知自愛耶我同胞於此蓋亦知所自勉矣此身立大地上既具此一分完全之體質即具此一分完全之意識具此一分完全之意識即具此一分完全之權利縱有如何可依賴可信任之政府我平民猶不可失其自立自振之精神況此不可依賴不可信任之政府我平民又何何喪失其天賦之權利前此之誤乃誤於不自知而爲一般奇怪學說所濡染故以如神如天之君主必不可以侵犯如父如母之官吏必不可以褻侮此亦習慣自然而已往洵不足深怪者近者海疆大啓

公理始明君主官吏乃與我平民同立於對等之位置其資格不惟不能高於平民且有以爲公僕而與雇傭相類者此泰西一般學者所公認而我中國學者聞之而以爲詫異者也然近今一二年間其稍知世界大勢具開明之識者見夫各國之所以强與夫平民之所以自立於國家之地位遂莫不豁然憬悟躍然興起乃大聲急呼曰自立自立此亦可徵人民智力之進代而中國前途似有光明一線之可通者縱卑鄙齷齪如保皇黨雖認君主即國家然終不敢聲言平民屈服主義此亦可見公道之具存而良心尚有未死時也嗟嗟以數千年暗昧之習慣至於今而始揭開之固我平民之大幸然揭開之而不能實行之且較前此所被之苦惱爲尤甚焉雖爲政府之惡劣又未始非我平民不自振之咎也夫不知之而屈服之尤可言也亦既知之則我身之位置既不卑我身之關係亦當重而改造國家與變易政體之大責任自不能再望之於惡劣政府自爲破壞自爲建設其所擔負其破壞與建設者惟我平民之責任且更爲我平民之權利焉固不能有絲毫依賴之行信任之心且日日當有脫離此惡劣政府之觀念盤旋於吾腦筋中然後本此獨立精神以爲運

用則凡所定之目的所施之手段所獲之效果即莫不以此自立之精神活動於其前於是所希望之功効始足以達於最完最滿之域而所謂平民政治實現之期當亦不遠而所謂專制政體消滅之日且更可立而待也如其不然痿痿焉靡靡焉因循而觀望焉明知惡劣政府之不能有爲不肯有爲然尤必有希冀作萬一或可之想於是依賴信任之手段亦油然而生於其前自以爲和平而不僨事其人似老成其行似持重庸詎知天下之事即敗亂於此輩之手蓋彼所自謂爲和平吾亦不敢謂彼不和平矣然所謂不僨事者不過爲一身一時之計而所謂天下事則未有不僨者日日言革新日日言立憲而其實行之期又必待政府自動政府既不能自動不肯自動其能自動肯自動者惟僅專制之進行而我平民又時居於被動之列平民被動則其實行改革之期既己萬不可得而勸告請求曉諭訓示等等之名詞轟裂於口頭濃粧於報上是既無達其希望之方法又何能有告成之功効今日己過再望來日今年己過再望來年遲之又久而自立之觀念終不能斷行決果於一身中朝上一紙請願書暮達一封問安表匪特不能達其改革之目的且使惡劣政府

愈不知畏懼以爲我平民之勢力不過如是如是而專橫貪鄙極端壓制更將厲行而無忌是蓋以不自立之精神發爲長此依賴之舉動固爲惡劣政府之所最欣喜歡之而惟恐不得者則是我平民將永遠沉溺於苦海中再無重見天日之一日而國家亦以此專制之毒更必至失其存在而後已是則以和平之原因而得不和平之結果謂之不僨事匪特欺人更且以自欺耳嗟嗟美虎歐龍馳驅東亞鎗林劍樹瀰漫神州存亡之機間不容髮乃復優游歲月因循觀望以爲此惡劣政府尚或可以能當此重任遂自生其放任心此不惟我平民中不當有此奴隸之觀念縱或有之亦當驅之使去列諸無人格之流而喪失其本來者也故吾爲我平民正告之曰今日之事政府不能救國必我平民而始能救國政府不惟不能救國更且限制我平民爲救國之計故今日之對於政府其依賴之行信任之心固不可稍存絲毫且必有極端之對抗以轉旋於心中而勿去如是而後我平民之自立心於以振則政治改革之實効於以現而保存國家之問題亦不待問而可知其必無他虞矣凡此者皆我平民最不可不斷行之前提予是以不憚反復而爲我平民告也

如右所陳。其事勢亦可以推測矣。吾平民之趨向。亦可以決定而無疑矣。不謂近者社會上有創所謂要求開設國會之說。其內容適與吾意見相反。而其能挫折我平民之責任心。乃至不可思議。烏乎。對於此輩。予誠不欲有所言以排斥其短。發現其誣而穢吾筆墨。然其創此感世殃民之學說。發此奴顏隸面之政見。在彼之自悞於黑闇而不欲見天日者。於中國尤不過四萬萬人中之三數人。吾雖有啓提匡正之責任。然其事尤緩而非所急。今乃明目張膽。大肆邪說。其言論功効足以使我平民失其責任之心。而爲放任之計。勢有必至。固不待言。且更有一種特殊之奇動。竟爲留學界開一陞官發財之捷徑。素行薄弱良心拋棄者。嗜其有利於己身之無上目的。即亦熱心奔競。大聲急呼。紛紛擾擾。幾至與黃金暮夜通款侯門之行爲無以異。朝開一會。則曰監督政府。夕畫一策。則曰上請願書。而其實皆欲達其陞官發財之目的。此其敗亂之結果。誠有令吾人目不忍睹。耳不忍聞之慨。稍具眞誠者。當亦聞此而惘心焉。又不獨吾輩當以蟊賊視之也。鄙人學謭識孤。文質無底。各種學科。又無一深造其微。亦何可執董狐之筆。作春秋之誅。然自信所敢言而不憚言者。則以此生來之良心尚存而愛國愛種之心不能自已匪特無介於名利關頭即刀加吾頸鎗指吾胸吾亦大言而不忌此實感慨於中之所不能自已可爲有心人道而不可爲無恥者述也惟是粗陋之語鄙俚之詞有時放言當亦不免然言言必本熱忱字字皆由天賦不稍假借非出僞託凡我同胞當亦原諒且予之所言者亦非特持此熱誠以發洩牢騷不平之鳴也誠知言論雖微大局攸關故於法理上所公認事實上所發現論理上所推演者亦不敢絲毫出其範圍以爲此意氣之激戰凡閱本論者當亦自知之而不待予附會爲也用是平其心靜其氣以精細研究此問題特先述反對要求開設國會者之二大派乃非予之所主張者（此二派學說本可不述、然予言一出、必有以予說適入此兩派中之謗言者。故不可不先舉之。以明吾宗旨之所在。）然後續以予之對於要求開設國會者感喟之理由以決吾目的之方針以限吾辯論之線界焉試分論於左

(一)主張專制政體以反對要求開設國會者　此論吾中國今未發現蓋主張此等議論者必其爲君主專制及其大臣等欲保其特別之階級故爲是反抗之言以痛詆代議政體尤不若專制政體之爲愈也然中國所以尚無此等宣言之發見者其

政府亦非不欲保全其特別之權利也惟其知識尙薄弱亦并不知代議政體之內容如何特聞多數皆譽揚國會政治之善又見各國皆以此隆興彼亦從而敷衍其說曰開國會開國會其實則於國會之內容懞懞懵懵匪特不知其害亦并不知有所謂實質之利也然又不肯雷厲風行而急於開設者則以欲保其利祿之所在恐開設後而已無位置地或有位置而不能如現在專制之自由故不惜出死力以爲抵抗然又迫於一般之輿論乃遂借時機尙早之言以施搪塞其心蓋極惡國會開設而又不能措反對之詞以指謫國會政治之弊故絡惟行其闇默之反對而已然此尤就其號爲半開者言也若其餘則尤是守先王之法行聖人之道等等極無聊賴之詞以爲反對之根據在中國政府尤居十之八九此固無價値之議論曾無一批擊之可言若在野黨中則新民叢報去歲曾以開明專制勸告政府然其文一出而攻者四起卒之失其根據無所廻護近者復與要求開國會者相聯絡其悔過之心於此亦可見矣雖然此派之主張固無甚理由之可言然其說之風行實以俄羅斯爲最甚蓋自數年以前俄之宗務大臣波彼得斯鳩嘗著一書題曰「虛僞」日人譯之曰政

黨議員之弊　稟以勇健之筆奇激之文洋洋數萬言暴露代議政治之弊亦可謂詳盡而無遺於其終編復豫爲言曰『今日世人尙心醉此代議政之虛名不自醒其迷夢吾人於生存中雖不及見其末路吾人之子孫其必及見此世人所崇拜之偶相之顚覆乎此吾輩所深信而不疑者』其言如是庸詎知當時彼國內之所謂君主獨裁政治者已漸超於末路而代議政治之潛勢力久已印入於人心勃鬱薰蒸不可抑制駸駸乎有動機一觸烈熖轟然不至地裂天崩不止之勢卒之不數年間彼龐然偉大神聖不可侵犯之無上專制帝國內逼於革命之騷動外屈於世界之競爭亦將棄其古今一貫之獨裁主義而同躋於代議政治之列寧非不得已而制定憲法爲國會之召集乎雖其所開之國會原無權利之可言不過爲保其專制之惟一手段然其趨於國會政治則可斷言也故就今日世界之現勢觀之彼政治的理想之發達稍一迂緩輙不能立足於歐西諸政治家之間況以此冥頑不靈以擁護獨裁政治爲目的如俄國官僚政治家之一私言殆尤不能使入終聽者矣故凡無達觀社會趨勢之明不能洞見人心之所向而忝爲政治家之言亦可謂不自知之甚

第四期

者矣以上所言雜引日本齋藤隆夫比較國會論之說　由是觀之則二十世紀之國家其勢已有萬不能保存專制政體之概其執此說以反對要求開設國會者蓋亦不透悉事勢者適成爲自私自利之言矣

（二）主張無政府主義以反對要求開設國會者　此派議論中國近已發生如歐洲留學之志士及在東之二三君子或著書或刊報皆極力鼓吹此等思想以提醒我平民其主義既以無政府爲前提則亦不認承有所謂國會之政治故既反對國會之開設亦并不能不反對其所謂要求者也（其理想極高其議論亦碻有根據吾固愛之重之而甚願表極端之同情者也然中國際此時機其主義實有難於實行者且不特中國難於實行即泰西諸國現在亦有難於實行者）溯此派之發端乃始於『蒲魯東』『巴枯寧』『克若泡金』等爲之提倡至於今大行於法德荷蘭諸國二三年來尤有氣燄炎炎不可遏抑之勢以傾覆一切政府推倒一切强權爲宗旨故於國會政治攻之不遺餘力其指謫弊端之所在亦誠有如其言者然其持之過高行之過激如反對軍國主義祖主國義現無政府黨中法人愛爾衛氏則極力發揮此兩種主義　亦爲打破國會政

治之一大方法欲以實行其無政府之主義而十餘年前即有投炸彈於議院之事千八百九十三年法人臥陽擲彈於巴黎下議院衆驚絕然無一死者臥陽被逮後自言曰『吾之此舉以示反對代議政體而已若吾於炸彈中置以小彈必有死者二三十』後臥陽定死刑上下院紳共五六十人請總統減其罪總統不允於是無政府黨圖報復翌年黨中人『克喪友』即以短劍殺法總統『克爾奴』於里昂然政府每不惜出全力以抵禦之卒不能大展其勢而生其發育然近者德法政府己占此派什之三四而其主義終不能行由是觀之則此種主義於泰西各文明國其人民程度較吾中國之人民不知其相去幾何然尤不能急於施行況以我中國人民之黑闇而尤未脫羈絆之羈絆乃即欲享此最大之幸福乎吾又有以知其難能也故吾於此主義中於極贊成中而有不敢謂其爲能救我中國今日者則以能行於未來之中國而不能行之於現在之中國能爲今日學說之研究而不能爲今日施行之方法若必欲强而行之則不徒無濟於我平民且將喪失其爲平民之具所謂衆人皆醉我獨醒者亦恐不能當天演淘汰而適於生存矣蓋吾爲此言吾實非反對此無政府主義者吾誠願諸志士提倡之以實行於將來也特有一必歷之階級爲現在之萬萬不可忽畧者則國家的平民是也果能保此國家保此平民則國內之幸福既得然後起而以對付各列强開導之啓提之必使其化干戈爲玉

帛進野蠻爲文明黃白一家中外大同無所謂競爭無所謂強權斯不惟吾平民受絕大之幸世界萬國亦實受其賜焉此固爲保全國家之方法然實亦打破國家之方法固爲保全國內平民之方法然實保全世界平民之方法吾用是禱之祝之而願有志者惟從事於斯以進行焉若其不然高言大同破壞政府是自失其團結力解其責任心而一切抵制各國之器具必至消除以淨盡則中國全地已自現其瓜分之形狀無論不能自治不能上臻於無法律之域即令能焉則俄法德日之強硬手段英美意墺之柔滑技倆必從而軋轢於其間收我土吸我財攬我權尤可爲將來之恢復乃至滅我種而不使存留於天壤是眞無再圖報復之期矣於此之時縱哀鳴宛轉如黑奴呼天籲地而亦莫之或顧是則以普渡衆生爲原因乃至不能保及一身保及全國之結果其非計之完善固又不待予之嘵嘵爲也故此現世中有不能不隨波逐流以先從事於國際之競爭此亦迫于風雲之不得不然者由是言之則主張無政府主義以反對要求開設國會者其亦未知時機者矣

綜上所言則其反對此要求開設國會者一主張專制政體則爲過去之陳跡不可

保存一主張無政府主義則爲未來之理想尚難實現一流於事勢之所趨而爲我平民所當吐棄一礙於時機之未到而爲我平民所難飛越則祈於現在之潮流中轉旋回覆以期適當之生存固不能守既往之腐敗亦不可好未來之奇俗則縱目四顧平心詳查而爲我平民之最適當易行且即世界各國持以爲長以凌駕我國者其道何由則即吾所主張之平民的國家是也（關於此問題吾所欲發揮者尚夥當於續平民的國家時詳細說明茲因明吾宗旨故約略述之）

蓋現今之世國家之所以必使其存在者以其能保全平民之故若不能保全平民則國家可使其消滅而亦無不可矣故國家而非保全平民之國家則國家主義即可不言平民之所以能完其資格者以其能保全國家之故若不保全國家則平民非自爲墮落而必不出此矣故平民而非保全國家之平民則平民主義亦可廢棄由是言之平民與國家互相爲因互相爲果其狼狽相依實有不可須臾或離之勢故吾之平民的國家主義雖爲國家主義之一種然實非政府之所能持以爲奸雖爲平民主義之一種然又非個人之所能據以自利蓋自古以來國家之名詞君主官吏恆假以愚民藉以脅衆恣行其凌虐之手段以遂其奸如課軍費也則以擴

張國權爲辭用酷刑也則以保護安甯自解乃求其實質居心之所在實以逞一已之慾固已身之勢故不惜出種種之威權以施暴虐於是一國之政其利於君主利於官吏者則爲之而平民之休戚更付之於不顧如是則亦何樂而有此國家之存在而國家特爲我平民痛苦之媒是有國家而亦與無國家者等則從英從美從德法俄日墺亦何往而不得此壓抑而又何必栖栖皇皇以保全此國家爲者夫國家之目的原以維持增進平民之幸福者也如人之身體貨物生活快樂等失其幸福則無以適於生存故不得不以國家之權力保護之是則國家之存在乃爲全體平民幸福之存在若僅爲一人(君主)數人(官吏)之幸福而存在則國家不惟不能爲保護之物且適成爲障礙之具揆之公理固非準之實質亦不可解而近世之無恥者颺言保國更不惜舉全體平民以拋棄之嗚呼吾甚不解其是何用心也然吾爲此言吾非謂平民不可爲國家以犧牲其身也國家既不能自存必待平民運用之而使其存則肩其責擔其任者自不能不有所犧牲然以平民之少數爲犧牲可也乃至舉平民之全體而爲國家犧牲以鞏固君主官吏之權勢則亦未審夫國家

之所以爲國家有高遠之目的有自然之制度非可以害物視之也故必察國家非所以保君主官吏而乃以之保平民者則國家主義庶乎得其道自非然者國家主義適成爲君主貴族專制主義匪特無以處平民抑亦非國家之本意也凡此者皆予對於國家主義之意義也至於吾所謂平民之名詞固非今世界而共爲一例之民者其必限於一國限於一國之民亦出於萬不得已之勢蓋我欲合世界爲大同而各國乃利用其術以兼併我國卒以不平之民遇我是我以提携世界平民之原因而得散失本國平民之結果固爲萬萬不可之勢然使其爲一國之民而徒供君主官吏之刀鋸而不能有自由之行動亦爲墮落其平民之具是以不過政府之奴隸其與求世界平民而不得者又何以異故既立於國家之下即當爲國家之平民而不可更爲奴隸自喪失人格者則必人人皆有平等之權利不當有特別區劃於其間階級設施於其內質而言之則同爲一國人民人人皆平等也就現在文明國之法律言之雖有時似若不平等者如公務上（官吏議員犯罪當供職時不能逮捕軍人犯罪不能適用普通之刑罰皆與平民不同）營業上（製一新器於國家大有利益國家與以文憑許之專利以營上之特權）能力上（其例有五（一）受高等教育而試驗及第者入仕此因教育以生之階級（二）身體强健者始可充兵此因身

體所生之階級(三)入仕者必三十此因年齡所生之階級(四)有財產若干能充議員此因財產所生之階級(五)選舉權及被選舉權惟男子有之此因男女所生之階級　然皆有理由之可言幷非由社會上自然習慣無意識以爲分別者故吾所主張之平民乃人人同守此公平之法律即君主官吏亦當同立於此法律之下而不能或越國家之問題當使平民與聞之平民已身之權利能對國家請求之君主如是官吏亦如是是之謂政治上之平等至於人之欲有同一之財產同一之利益此固難於分配者而怠惰者痿痺癈墜不自振勵乃藉口於國家之不能保全平民又若以國家爲生活之場所此其行爲固可羞然使其持國家之權力以收羅一切權利而據爲己有其結果用國家爲護符以固其個人之私利而於平民一般之利害亦付諸不聞不問之列惟以遂一己之私爲得計此不特非國家之平民乃適成爲國家之蠹而已故欲平民主義之實現其不振者固不可不爲激勵而無端持國家之聲勢以超拔乎平民亦萬不可不排斥之也凡此者皆予對於平民主義之意義也由是言之則予之所謂平民的國家主義者。謂之國家主義可也。謂之平民主義亦無不可也。然國家不能離平民而自成。平民不能脫國家而自立。故二者之名雖不同。而其實質究無以異蓋其互相爲用實有必相聯續而後可者。故吾所主張之平民的國家主義者。蓋即此也。雖然此尤不過究其理論言之。若以現在之實行言之。則又有次第之二道。試列舉之。

(甲)(現在)破壞非平民的政府以改造國家。

今之政府。爲何如之政府乎。人皆曰不負責任之政府也。然使其僅爲不負責任之政府於此國際競爭之塲不能保全國家而其害固不可勝言乃幷於不負責任之外而更行其唯一之利已主義壓制行爲以保全一身之威福兢兢焉惟恐不至其藐視我平民已螻蟻之不若則欲使國家之存在既不能望於此輩而我平民復立於慘無天日之下欲言對外彼亦干涉欲言治內彼亦限制而國家之危亡復迫於眉睫而不可緩則將長此以聽國家之消滅乎抑將有所作爲而圖自振乎如聽消滅可不言也若欲自振則即非破壞此非平民的政府不爲功蓋彼之所以不負責任而惟勵行其專制政體者蓋利我平民爲屈曲於肘腋之下而不能參一言也若我平民能指謫其短攻詰其姦則彼亦何從而至是也故彼欲保全其私利遂萬不能開放我平民使與彼立於對等之位置而我平民苟思所以自立旣不能賴此政府又不得政府之權力而用之且與政府適成爲反比例是此政府不倒之一日即爲我平民障礙之一日而我平民欲圖生存自當與政府成不兩容之勢則本此平民之精神以與此非平民之政府相對待則不除之使去而不止者蓋非固好爲此破壞實亦出於萬不容已也惟是政府之中復有滿漢之別近者調和之聲喧騰朝野然吾固非主張種族主義者然予又非不排滿者滿人之平民可不排而滿人之官吏則必不能不排不特此也漢人中之在政府其朋比爲奸助紂爲虐者亦在必排之內蓋吾之排斥非因種族而有異也乃因平民而有異孰禍我平民即孰當吾排斥之衝故不特提携漢人之平民亦且提携滿人平民以及蒙回藏之平民也今先就滿人言之北京政府中其種種要缺皆爲滿人之竊據之無不識粟麥不辨者殆已十之八九然固其威權保其品位之計畫則計之無所不周語以亡國之慘則曰寧贈朋友勿與家奴告以滅種之禍則曰漢人强滿人亡其終日所設施無非欲鞏固其階級之制度於此望以救國而望以退讓此尤恐較俟河淸爲尤難者至於漢人中其擁高位

享厚祿者亦盲不知變政之爲何因救國之爲何意惟日望紅頂花翎之加於其身時勢之遷流匪特不知底裏亦且略弗聞問間有一二知識稍半開者則又爲一已之私位以圖保其野蠻專制之行爲反籍口於人民程度之未到政治機關未整備且爲妄言以惑於衆曰立憲也立憲也今尙非其時勿背進化之公例而大反乎秩序之進行爲也然其實施之政治則又無時不以極端壓抑爲目的由是言之則現在之政府中不惟滿人欲保其特別之階級而漢人亦皆欲保其特別之階級其誤我國家禍我平民蓋有不兩去之而不可者然吾尤有說焉彼其尸位素餐作威作福滿人如斯漢人亦如斯然其所以能爲此者蓋不遇借此無限之君權以爲武斷僅奔走於一人以下而威行於萬人以上不特君主自欲保其威權政府之人且助之以保其威權故無論現在之君主爲昏聵淫縱無可爲之君主即令其稍有知識亦不可存之以爲此諸官吏之護符故不去君權則官吏之權必不能滅君主不去則其權必不肯輕爲解脫蓋吾之爲此言吾實非爭君位者果其爲平民的政府則君主不過國家之一機關紅人黑人皆可爲中國之君主何況滿人其存在其除去

原無輕重之可言故非以其爲滿人而去之也即爲漢人亦必去之蓋不如是必不能解其權則國家之危亡亦將隨玆非平民的政府而俱喪是故不得不去此君位者非因其主而去之也乃因其權而去之勢事所迫有强之使不能不然也

(乙)(將來)建設平民的政府以鞏固國家

徒言破壞不思建設此盡人而知其爲無意識者惟破壞之先即不可不預爲之備而後其破壞爲有効不然亦徒擾亂無濟於事也中國數千年歷史上經幾許之革命而終無救於人民之痛苦其爲害皆由於此然則現今之政體將以何爲種最宜乎貴族政體固自無論矣至於君主專制惟以壓抑民權者其爲吾人所唾棄亦不待言然使爲民主專制而國家收不良之効果者亦未見其爲善矣則是今日之所亟欲研究者惟君權民權之立憲而已吾因得而斷之曰將來之中國當爲民權立憲不當爲君權立憲何則破壞之後則現在之君主既歸於消滅是他日之政體自當爲民主而不當爲君主然或有礙於時機迫於事勢或意因仍現在君主之舊或另他族之君世襲相承以保其位然不過國家之一機關又豈能再付以大權而重施今日之專制以成爲

非乎民之政府乎況乎君權立憲必君主善良而後能行立憲之實今之君主固非善良他日之君主又豈能保其又善良乎故將來中國君權立憲旣禹不可行如或行焉亦與專制無以異耳且即以政治上論之君主立憲君主縱不濫用威權而行政部之權力又每專橫而不可制止則亦適成爲貴族政府而不能爲平民政府按之日本是其明証即或不然則行政部與立法部相衝突之時行政部不認立法部之所決議立法部不決行政部之所決算則百事旣陷於凝滯而君主大權因得肆行於其間而平民之勢復墜廢矣此其弊殆有不可勝言者然或者曰今之中國因蒙回藏問題只當爲君權立憲若欲行民權立憲則必除去此君主而後能而蒙回藏人惟一大清君主在其心目中勢必至有脫離而去之患予應之曰否否予之所主張者在乎權而不在乎主君主固非而民主亦未爲是也故予之對於君主者乃排斥其權而非排斥其位惟以得平等爲前提而不以獲高位爲前提果其以權與我平民也則據此君位夫亦在無關輕重之列亦何必汲汲以爭此君位者惟其盤據根深鞏固專制位旣不去則權亦不解而平民之政府亦不能成勢不能不排之

使去蓋爲爭權計而非爲爭位計此乃出於萬不獲已者縱使蒙回藏有分離之問題然以爲我多數平民故亦當聽之使去況其所謂分離之詞皆模惚影響妄爲推測之言而非切於事實者然或者以中國國民無民權之習慣斷言我國不能行平民的政府之由烏乎爲此言者不惟足以摧折我平民之氣且亦未察夫我平民之現勢也夫中國文化近雖不及歐西然其見理之深透亦未嘗遠劣於各國故二三年來凡士林中之稍其知識者幾至無一不識民權之眞理徒以官吏之壓制而進行遂以遲遲使此政府一摧敗則天下之不知者恐亦稀矣故吾以爲此政府不推倒之一日即我平民之人權永無伸張之一日其人權之起伏以政府之存亡爲斷定而不可以現在之表面爲斷定也則是謂我平民無當政府之能力者其與政府主張壓制之策殆無以異也則我平民聞此語亦當以對抗政府之法同一例也雖然平民的政府其爲正當者固無論也然平民的政府果以何者爲實現乎是又不可不說明也盖平民的政府云者一切之平民皆有爲國家最高機關之地位也然所謂一切平民又非謂平民之全部如精神喪失小兒之無能力或女子及因其他

之原因而失去其資格者皆不包含其中除此之外則一切平民皆與有參與國權行使之權焉盖一切平民之意思即爲統治權之源泉而非一人數人之所得專者也然尙有一必要者則代議會行使國家統治權全部之謂也代議會爲平民之代表機關而行使統治權平民雖不失其爲主體然平民非人人能行使統治權者故平民之行爲僅限於選擧之行爲惟代議會以平民之名而行實際之統治權焉此與國民總會之民主專制如瑞西之二三小洲者又大有別也故可謂之平民的政府而亦可謂之曰國會政體是也此皆以平民而行國家主體之實而非以君主貴族行國家主體之實凡立於國家之內者即皆平民無特別獨異之階級也此即予所主張平民政府之理由也

如上所言則是國會政治固爲吾所最歡迎最欣慰而馨香禱祝惟恐不得者則人之言國會言要求言開設亦當爲我所最歡迎最欣慰而馨香禱祝惟恐不得者而何以吾竟大反其常而更示以極端之反對焉抑又何也則以國會之實質非吾所求之目的也開設之實質非吾所乞之効果也要求之實質非吾所出之手段也故

其名雖同而其實甚異此吾所以示極端之反對發極端之感喟而正爲我平民告也玆述其感喟之大略至其詳者則俟諸後之分章

請先言要求

凡謂之要求者必其爲能與我而又萬不肯與者而後謂之要求不然一乞求焉即可也又何必兢兢焉用玆要求爲者故吾之所謂要求必其力能與彼爲對待脅迫之强制執行之使之以必不能不從不能不如我所要求之願以相償故對於一人之要求則我之强力必遠甚於彼而後可以施行否則亦無濟於事而適受其輘轢之悲今以此數千年專制之惡政府挾其特權操其武力以肆行無漫拘束之勢我平民一旦而欲解其權掃其威使其與我平民相等則是以一二人之意見行其要求其爲無功自不待言然使即爲多數人而其能力不能與之爲敵其要求亦未爲有効故必合最大多數人心之合意集最大多數之兵力本其舍生忘死之精神以爲達此目的之舉動蓋既見及此事之不易即當以勇敢直前以力達此目的而後已然又慮其力之不足徒爲是無功効之舉動匪特自戕其身亦且自形其力之薄弱故萬不可不於能力既充分之後而始爲逞動蓋政府之

心既以一保其專橫之目的爲的前提則我平民即無反抗時且尤施其極端之壓制況其要求者乃絕對與彼爲反抗之行爲而彼之爲一身利權之存亡又勢必出死力以與我平民抗我平民能力不足抗彼之一日即尤是不能脫彼範圍之一日一紙請願書固爲無効即以多數輿論多數政黨而徒爲是和平之行爲其要求亦必無功故欲大告成功完全以達其要求之目的者則舍革命軍而外更無他道以處此也蓋吾爲此言吾非好爲暴動而不惜流血之慘狀也吾實見夫非此不足以達此目的此目的既不能達則召此惡劣政府之殘刻施其荼毒肆其淫威今日此省數十萬招彼酷刑暴罰之慘明日彼省數百萬被彼刀鋸斧鉞之苦加以放任國事則列强環視而亡種之禍又迫於目前而不可以須臾緩此誠我平民存亡之秋出於萬不獲已之行爲蓋與其坐以待亡何如早自亡之爲愈況所謂革命軍者不惟足以救亡且即爲振興之一導線耶然或者曰革命軍未興之一日即不能與此政府爲接觸是政府愈形放任而肆行無忌則中國前途將愈不堪問是何不先爲和平之要求而後以武力繼其後耶予曰是不然蓋有一番之和平之要求則愈增

其惡劣政府之勢力愈增我平民心志之墮落此萬不可出此者如慮政府不知所畏懼無已其暗殺團之一道乎殺一惡劣官吏則可少安一時如吳徐兩烈士之行爲亦足褫彼等之魄而喪彼等之膽縱其影響未能見於實際之改革然僞立憲之詔書亦日日飛下亦可見其功効之所至矣雖然此可爲要求之發軔而不足以盡要求之成功以中國之君主官殺之不勝殺誠有非革命軍起後實不足以掃蕩盡淨者此即予所主張要求之方法抑亦對於政府碻當不易之道也吾今且讓一着以爲革命之慘人所共量中國當此大創之際又增此無量之痛苦以干天地之和斯固有心所不忍言者至於暗殺之件必致傷生彼亦人類亦何至遽置之死揆諸畜老憚殺之義亦屬仁人愛物之至誠特吾有爲彼等進一言者凡成一至難之事既不損人則必損己捨此二道實無他途則彼等既不贊成革命軍暗殺團以爲損人之舉則必願犧牲一己以達此最大之前提吾特爲彼等再進一策焉曹沫之要齊桓唐雎之脅秦王執一敢死不拔之氣以臨於君主或當道之前强之以不得不從迫之以不能不開縱有災患之於一身而政府以有所畏懼亦必暫次如願以相償是受

害者一人而獲福者天下斯亦不謂非義俠之行爲諸公於此亦有意乎再不然以爲隻手而扱當道尤非和平之可言則或如申包胥之於秦庭痛哭哀吟以動當道之惻隱雖杜鵑之血無補三春然烏啼夜月亦未當不悽人心脾也人非頑石孰能無情惡劣之政府苟因茲而生感焉斯亦我平民之大幸者是能如此亦不失爲愛國之士雖疲懦無可取而眞誠實可嘉此又予爲諸公所籌要求之至計或可希望政府稍有變動之轉機也而乃又不出此則其要求之手段眞令吾百思而莫解者一封請願書爲其不二之方法此不特不符要求之名詞且與之適成反對究善意言直爲哀訴耳若就中國之固有之名詞則與喊寃之意義實無異夫平民懷寃至京上訴屢年統計不知其幾千萬也問有一人得爲昭雪者乎則不惟百者無一千者無一且因此而傾家破產者道相接也故各國之哀願書無效者少而中國之鳴寃狀祗成爲賈禍媒耳現象如斯諸公亦知以反乎雖然吾亦不爲諸公之熱心於此者妄爲推測諸公之心吾知之矣固非爲國而來爲民而來而其身之無寃也又不待於上控然其所以必如要求者吾爲之反覆詳察而知諸公之請願書不過一

紙求自試表而已蓋其冒一至新之名色以呼弄於一時者其心志之所向實冀以沽名譽釣利祿挾一和平改革之口頭禪周旋京邸朝匍匐於某王爺之前夕拜跪於某中堂之下不問已身之來爲何事惟以求得以一權要大人之顧盼爲已足以陞官發財爲目的以夤緣奔競爲手段得一差使就一館事而彼之要求固早已打消至是幷請願之目的悉拋棄矣此皆現象之可徵者間有人格稍存良心尚餘點滴者則惟僅達一請願書郵寄政府其意惟欲得一名以動衆人之聽雖爲他日之陞官發財計然尤非圖之於目前者諸如此類見之於上海之日報已數數見此尤可爲求利祿之進化者烏乎。　**彼其變要求爲請願已無可言也乃至變請願書爲介紹書此眞不能不令吾駭然者**。然政府之視此輩亦未嘗不得待遇之法矣欲名者即以官銜與之欲利者即以薪水與之如近日之上請願書者皆於北京得優等事業是其實例蓋政府諸公亦甚與此輩表同情也下以名利求上以名利應同出於一途遂因之而狼狽爲姦而前此所謂要求之目的不惟無所得且更增一厲禁如前此上請願書之後而政府即隨之而下禁止集會犯者監禁之詔吾因是思之此輩和平要求之功効誠有不可及者**以要求開設國會之原因而得集會監禁之結果**此非和平家之賜詎能至此因爲一言以決之曰　**要求如此可斷永遠無開設國會之一日**蓋政府之心所謂司馬昭之心路人共見其不足與謀不能與謀此盡人皆知者而尤不知自愛依賴之信任之此眞吾之所不能解然其爲此和平之要求者亦非不知政府之不可依賴不可信任也惟以自身所欲達之目的與此政府之主義暗合不妨冒至公之名目而達至私之希望此其用心之巧施術之高雖老於昏暮侯門者其操道恐亦不若是之工也故吾今爲天下人告之曰若欲達陞官發財之目的者請其速上請願書若稍遲遲恐政府諸優差悉爲先登者所竊據無以位置公等則失機宜誠不淺矣烏乎吾不料以此要求之好名詞而意用於此輩之手以演成此種種無聊之怪狀則政府之爲惡殆尤有理論之可言而此輩之心腸眞有不堪聞問者則其他日助政府之虐長政府之威以梏桎我平民圈禁我平民正不知增如何之慘劇也準是而言則彼等之　**要求不惟**

不得國會之開設。且并爲政府增無數之惡劣爪牙而已。

次言國會。　前言要求之性質。以决國會之不能得開設。吾今更進一步。敬以告上請願書者諸公。勿慮國會之不能開設。汲汲進行。速速上書政府。諸公必將嬰諸公之望。而　**開設國會矣。此月不開設則來月必開設。今年不開設則明年必開設。惟所開設之國會。必爲無人格之國會。與行政官廳無以異耳。**　諸君以此等國會爲已足乎。則吾亦無言矣。若其未也。則請實力預備。以圖最大多數之戰勝。不然。恐一紙哀求書。即爲造此禍之根源矣。蓋天下之事。强人以難能。尤可說也。至强人以不能。此不惟人不肯如我之希望。即我自知人亦不能如我之希望。是固可爲推測而不待繁言而解者。即如開設有人格的國會。現今之政府。匪特難能。且并爲不能者。請分略約三行言之。(1)無以解决君主。世界各君主自動立憲者。必其先能爲開明專制。普魯西及日本。是其例也。故國會未開之前。而人民之權利較旣開之後爲尤甚。蓋未開之先君主時以鼓勵民權爲目的旣開之後始以限制民權爲目的然有一最要之問題則君主必爲聖明如斐列特明治其人而後可能爲者今試問現在之君主斐列特乎抑明治乎吾不敢信當亦衆人之所不以爲然者則是旣不開明於前而望其立憲於後此蓋稀有之事也今且無論其現在行爲試假定開一有人格之國會而研究之他事勿言即以財政上論之凡有人格之國會有完全監督財政上之權豫算之重固有獨立行使之權（日本定豫算之憲法議會有協賛之權然定按之權操之天皇已爲無人格之國會然天皇退讓究未嘗以已意强制國會以承認此關乎君主之善良故能保議會之權若暴厲之君日則本之憲法亦助成君主專制耳）君主之費亦有限制之制（日本定天皇每年三百萬長款不數時雖能再取之國庫然憲法成立以來君主幷未逾其限制此亦關乎君主之善良者其他各國則無在不以國會之承認而始能有所支取君主幷不能自由妄動國家財政）今之君主淫昏之舉無所不至土木之功奇巧之慾其他一時之從心所好而即欲敷設者皆足以破壞豫算案至於宴會也歌舞也（西太后每年戲錢稍減即足辦北京警察之用此亦可見其巨）而粧飾消耗品之繁巨更不知其幾何因是推之預測每年之必脫離財政上之限制也其他重要之政若立政權條約承認權緊急命令之承認權司法權皆保完國會人格之盤石而不可侵害者而現在之君主斷難保其無一不犯也此因君主而不能有人格之國會者一(2)、無以解決滿人滿族以天然之資格保其權位入關以來即成鐵案而不可移以功高若二曾尤不能參去卑劣之一官文若國會成立後則彈劾之權爲其特有內閣之中滿人自應居大半一不信任則以國會之力必乞答辨而彼以無學無識之身放任乃其本色自必無辭以對勢必至迫令解職彼挾天皇之威擁貴族之勢以解散國會即再組織亦復如是雖國會三五度召集亦不能强之退位是國會之權力仍墮落矣此因滿人而不能開設有人格之國會者又其一(3)無以解決漢人現在政府中漢人中之最有權勢者莫如袁也張也其能爲責任大臣與否姑不必辨要之爲趨承天皇之顏色而不惜虐戮我平民者當亦衆人所公認一度之國會召集則此輩即首當其衝彈劾之書上而彼等無所逃避必依賴君主之權以爲保障或更與滿人聯絡互相抵抗則國會之勢又不能敵縱彼不解散國會而國會亦將自解散矣然其所以致此者固由在官者心性之不良抑亦自有故也蓋凡責任大臣必聯合最大之政黨吸取最多之輿論而後始可以成功然歷朝家法既己樹黨營私爲大逆至於輿論所歸尤觸君主大臣之所忌故近日京師大寮稍有置羽翼者即被

彈劾而一二督撫中有與民心相愜洽者則政府即時爲移動兢兢焉惟恐排斥之不力加以得君主一人之歡心固已無事不可爲而既得衆人之和同且反生極大之障礙自非識見出羣之流是亦何樂而向此衆人者況乎求衆人之公意又非有碻當之才能亦斷不能獲此最良之効果稍有失足即解衆心而求一人之知遇一經信用則任意妄爲彼輩固保守利祿惟恐不及者其肯失一人之心而拋其頂戴耶抑肯順衆人之意而縛束其身體耶吾又知其必不能矣不能則國會之人格已可知矣此因漢人而不能開設有人格之國會者又其一也合三者言之皆爲現在國會必至之現象然最宜注意者即君權不去則國會必不能開設滿人固挾君權而漢人亦挾君權是國會之有人格與否固以君爲斷而政府之負責任與否亦當以君權爲斷現在之君主其權方日日增加間有一事稍施退讓者乎則此後更可想矣是則欲開有人格之國會萬不可不排君權然彼以此位而方羣固其權則非除去此位其權必無自而解吾故謂君位不去之一日即有人格之國會永不能成立之一日斯言蓋有斷斷然者因是以觀則吾前言國會不能開設者是亦不然也

熱心希望國會者試極力請願之國會立即開設矣吾今爲此言吾實又非想像之詞其實勢必開設而無容疑者蓋政府諸公前此既不知國會之爲何物內容之爲何事以爲此我平民之要求必其有害於我是當拒絕之而不聽其意及既久之則朝一人言夕一人言彼固心煩而不厭聞然亦不能不求其內容性質之所在以爲是果何權利而必囂囂如是者及其留心考之反覆查之則其精意得而其解決之方法亦至矣以爲衆人之所求在國會并未爭國會實質之權利徒務其名是亦易易耳於是取一二國會之最適宜最完全而鞏固政府權力之國會本其模範以開設焉既可以博新政之美名又可以饜衆人之希望於是開設之計定而無人格之局亦定矣烏乎似此國會何待要求現在之資政院彼政府既已開設又何必再增一行政官廳除奉令承教代收呈詞外更無他事徒消耗貨財爲也且行政官廳尙有事可以從分而此則必將成譚話之聚場甚則將如博物院動物院議員輩不過如陳列品豢養物供遊人賞鑒而已此理之自然而必有如斯之現象更以現事徵之即可知予言之不謬者如上海之報館近者頗有所言政府之人莫不忌之然以

其在租界也其權力復不能及且無報律以爲交涉焉乃亦仿傚文明而定爲報律然報律亦非不善良者乃其不採美也法也英也乃并日本德意志而亦不採竟採于萬國最唾罵之俄羅斯墺大利其定報律既如斯則國會亦可想矣且以各國之歷史徵之其君不賢斷未有能開設有人格之國會者如僅言國會則英之查理斯法之路易十六不嘗開國會耶而何以革命之軍尙必起也現在之露西亞土耳其波斯不已開國會耶而何以政治家皆謂其國會有若無也故土耳基之國運未因國會而振興露西亞之革命未因國會而稍減波斯之內亂未因國會而消除而數國之人民痛苦乃反因開設國會而愈增者從可知國會在人格而不僅在一空名也若徒在一空名不特無益且於我平民之損害孰大也蓋我平民在今日尙稱小幸者政府雖專橫其於加稅一道尙未敢雷厲風行其心非有愛於我平民也恐行之而四方擾攘彼身亦不能安享矣若國會既召集則加稅之案首當提出而議員以應辦之務自不能不自相承認而監督財政權復不得實見施行一切種種之請願更不能如意**是我平民國會之開設原以要求權利而來**。

乃權利既不得而義務復大增加。此誠萬萬不可者然吾為此言吾非謂衆人勿納稅而獨享自由之福也有一分之義務即有一分之權利此固相為兌換而非可單與者然此猶就法律言也即以道德言當使國家有利我平民即有義務而無權利亦為無辭無如此輩素日習慣既難解脫而又加此多數貲財則放縱橫暴之手段更將愈不可遏國家之要政尤是依然如故我平民之沉淪苦海現既奄奄而難起則無人格之國會開設後我平民舍垂頭待斃而外更無他法則國家之危亡亦不問而可測是此　無人格之國會不惟增平民之痛苦增政府之惡劣其害之影響且將使國家之速其亡　似此國會吾願我平民其膜然置之而勿為僉任莠言之所惑也。

再言開設　前此所述既決定為無人格之國會此為碻當而萬不能移易者如此則既無研究之價值矣然更不妨再為熱心希望者設一問題焉　則開設之國會縱能有人格碻能行使其意思然其組織必為階級制度而必不能為平民制度是中國又將增無數

貴族而較今日僅爲滿漢不平等者尤更甚也蓋議會之制有一院兩院之別近世各國皆行兩院之制用一院制者德意志數小州及希臘室爾比亞二國而已制之優劣姑勿具論然使組織平民的政府自當以一院爲宜即使用兩院之制亦當如美法無論上下兩院皆平民組織之方不背乎平民的國家之實非然者適成爲階級制度而已中國今日一院之制斷難實行不特君主之權力不肯拋棄即肯拋棄亦將置此無數之滿人於何地徒以種族之異享特權已二百餘年若爲一院制即滿洲之人口僅漢人八十一分之一假定以議員二百之數計算彼不過二三人其必失其素享之權利自無待言縱使以種族爲分配滿漢各半而滿人復以經濟能力之不足其豫算之承認既不能擔任而自養議員之俸亦必不能供給是萬不能不爲二院之制以保其貴族之特權則上議院中滿人必居十之七八然漢人中之現任大臣及以前所有世襲門閥者亦必起爭特別之利益苟有不遂即必生種種阻礙開設之問題如去歲調查各省功臣之裔是已爲他日之貴族預備兼以近日謠傳更有倡二品以上之子弟皆當有上院選舉之特權

道路所傳固未足信然他日現象實有必致如斯因此推之則上院中又必舉從前漢人中之爵位及現在之爲大臣之諸貴子弟以參入其間或更以有財產有學識有勳勞者厠副其內似此則不惟滿人長保其階級之勢而漢人之階級亦將從此生矣夫中國自封建變郡縣以後即已掃階級而空之元之滅宋分民爲四級至明祖則即除去之清之亡明分滿漢之別然苟能斬君主之權則即無特異之可言此固與西洋有各種之階級者其相去原不可以道里計此正我中國之特長也今以此素昔所無者乃忽焉加入之則他日之擾亂更盡言也蓋兩院之制既因貴族而有差等而上院中滿人占十之七八則當全爲滿人之勢力是與下院已遙存滿漢對待之致按之各國通例下院惟有議豫算之特權餘皆兩院占對等之地位則是利於滿人者而滿人可迫下院以必從否則即以君主大權解散之而關於漢人之利雖欲上院以必從而終無法以爲脅迫且上院不能解散則其勢力更將日增是下院之權除承認國稅增加外餘更無權利之可言準是以推則凡關於如何專政皆必聽上院之指揮而上院之勢力愈益鞏固則各國之下院恒占優勢者我中國

將變爲上院行專制也於此時也以如何之方法而亦莫能挽其弊則現在滿人僅有政治階級而無經濟階級教育階級他日乃以國會專制之力實行發展滿人經濟能力教育能力之政治則經濟階級教育階級又將重增矣且不特滿人也漢人之在上院者亦必思保其貴族種種之利益平日既以少數而不能反對滿人勢必阿附之及其關於己身之利以反而求之滿人而滿人以其素日歸順也亦必應之則本此專制以增長漢人貴族之勢力亦爲勢所必至之勢則漢人之階級亦大展而不可制止則無論其不能爲有人格之國會即令有獨立之人格是適足爲貴族代表若古時日爾曼英吉利之國會所謂不平等無人道之惡現象又將重現於中國大陸矣夫法蘭西英吉利之革命即因各種之階級而生我中國今日方力求滿漢之平等乃更自增其毒自種其禍開設如此吾甚願我平民其自思之夫國稅之收抽其擔荷恒積重於中人以下之人民而擁門閥之尊榮者雖未嘗無所擔任然實被其私有財產之影響者已在至細至微之數至於資本家則不惟不蒙國稅之損害且隨國稅之重而更益利銀之多蓋國稅有增加而彼之動產不動產其價額

亦因之而膨脹是其實際蒙損者悉在於普通消費之人故中國而行平民的國會尤將於經濟上施特別之限制而後不增長階級之氣燄況先立一階級之惡因則後此積重之惡果又將何可勝言是今日之君主專制其害已無所不至而他日之貴族專制更將較此爲尤深我民何辜而至於是夫君主專制不過一人貴族專制乃至千萬觀於中國歷史之君主其暴戾爲惡者雖已窮極殘刻然實被其禍者恆在附近京畿之民其距離稍遠之衆則其受禍爲最輕若乃貴族專制則凡立其統治範圍以內者莫不盡被其荼毒如現今歐美各國勞働之慘狀聞之令人酸鼻然此猶不過經濟一部分之損害其痛苦已至如斯況中國更兼以門閥階級以爲經濟之擁護則其禍患之所至又將更甚於歐美我平民於此**豈以君主專制其壓制尤未足而更增以貴族專制其慘痛始遂意耶**

如其不然。**則吾願君權尚重之一日即爲不可開設國會之一日如欲開設則他日所受之痛苦固較今日爲極甚即他日欲行其反抗亦較今日爲甚難也**　誠以革命之爲用施之於君主專制易施之於貴族專制難如中國之歷史其去君位傾朝綱者不知其幾十見蓋僅去一人一家阻礙少而成功速也至於貴族專制如近日歐美之社會運動已經數十年而終無可著之効驗蓋滿地之中皆其承顏色供奔走依賴以爲生活之人故心雖有所不服而究不敢遽爲逞動以散失其衣食之鄉卒之積弊難返其禍愈橫肆而不可遏制他日流毒更不知若何紀極又若俄羅斯革命之風積數十年而不成人第見其君主專制之鞏固也而實則貴族之力有以輔翼之故勢力之所被以致不能一全國革命之心縱有無量數之豪傑亦皆無微功之可見嗚呼我平民苟至如斯其欲脫離此苦海乎竊恐其未必能矣因是推之縱爲有人格之國會吾亦願今日勿爲開設況所謂有人格者尤不過託之想像我平民盍自審之幸勿爲此無聊之極思也

上來所述亦可解決彼等要求開設國會之大要矣然**吾亦要求開設國會之一人特吾非爲全國之少數人計乃爲一般平民計者今玆之要求開設國會者乃與吾意見適成一反**

比較也。嗚乎種此禍者誰乎吾又不能不痛恨楊度之怪語妖言蠱惑衆聽也。夫現今政府之惡劣官吏之橫暴君主之湣昏虐我平民敗我國事情勢所趨已成痼疾而不可救藥雖三尺童子皆能道之彼楊氏豈未見及此耶然觀中國新報發端之語則曰『今日之政府對於內惟知斂錢對於外惟知贈禮』雖落落數言然已抉透政府之病根孰知樹立之宗旨演繹之議論殆又無一不依賴政府者至於所用之手段尤爲卑鄙惡劣不堪聞問是明知政府之惡劣而復助惡劣政府之氣燄名耶利耶吾不得而知然其非爲國爲民則爲吾所敢斷言者嗚乎社會上有此人即多一種敗常亂俗之人國家內有此人即多一種賣國求榮之人吾不料中國危亡至此尚復容此輩之發生也雖然此輩不足責風大順風雨大順雨爲其平生之最長技行爲之卑劣固無爲而不可吾特怪天下人信任之者豈與彼盡表同情者耶抑或未知其素日之行爲耶若盡與彼表同情者則吾無言矣若尙爲未知其素行者則吾略言其生平以告天下之愛國愛民者其行爲之卑汙苟賤言之殊穢吾筆墨然以風俗之大勢攸關姑少揭之以爲我同胞警戒

彼其考經濟特科時因黨事被黜見於上海某日報固詳且盡想爲一般人所公

見。不必述也。故上海之密祕會。彼亦會員中之一人。名册具在。豈有悞耶。然猶曰用靈活之手腕。以牢籠一切也。其見之文章。刊之簡牘。固非他人之所能强而爲之。皆發於情之所不能自已。故古今恆有狡猾之手段。絕少喪心之文章。如錢謙益吳梅村輩雖屬貳臣然其詩歌中無在不有亡國之感此可爲例公道具存。良心未死。故耳。乃觀楊氏之『湖南少年歌』。幾無一字而非革命者。又『武士道序』。亦有『或者挾虛無黨之刄以與雷電爭光也。或者舉革命軍之旗以與風雲競爭也。』等語。諸如此類。不勝枚舉。新民報載楊氏及某々等與嘉納夜談教育事亦主張民族主義特記者尚非本人或有不可信者又『新湖南』雖未全出楊氏之手然亦與有作焉遊學譯編多言革命楊氏亦主筆之一人其他論述言革命者至夥因非宜告名字者亦不足取信大衆是前爲激烈派之健兒。今爲和平派之首領。春蠶夏蛾。時生變易。人類界中。恐少此流。今更約其生平略分數期。初至東京。專言排滿。附梁之後。更言保皇。三年以來。復言立憲。此中運動手段極多在東京所言則曰政治革命在內地所言則曰政治革新其對滿人則曰鞏固滿人勢力其對漢人則曰和平排滿手段對政府則曰保全祿利其對君主則曰維持皇基萬緒千頭吾亦不確知其宗旨之所在有富於判斷力者其其於此試下一斷按今又至京師。得四品京堂。入憲政館矣。則後此所變易。想亦不出君主專制貴族專制之範圍。其他則亦無孔可入矣。烏乎。吾言至此。不惟吾之怒髮上冠。想亦有血氣者所同嫉也。尤可怪者。滿人爲保衞其種族之計。乃創辦一所謂大同報。借至公之名。以施狡獪之術。而楊氏乃亦會中之一人。互相提撕。聯爲一氣。其目的之所向。專以獲滿人之歡心。每況愈下。可誅可殛。（又某報九號紀前年十一月滿學生大會提出以漢人制漢人計即爲請楊氏作報以亂漢人之耳目斯時中國新報尚未發生後二月報出其宗旨果如所言卑劣如斯可恥孰甚）惟是滿人爲此。吾亦不罪其行爲之非。究善意言。則中國當此危亡之機。不分種界。惟以救國爲先。似亦不失爲公正。究惡意言。則天演競爭。適者生存。各爲其種。亦屬斯人之自性。雖籠絡漢人。其心難問。然揆之公理。尤足徵彼族尚有自立之心。綜是兩端。皆無可議。惟報中所言。祇亟亟於八旗生計。而於政權之退讓。略未言及。是又將於門閥貴族。而復益經濟貴族也。其爲惡意已無容疑。然彼族之所以能如是者。正以見彼族之尚有人心也。故對於漢人爲惡意。對於滿人爲善意。吾人雖有增其敵視之心。亦竊有服其精神之念。至於楊氏之用心。則眞吾人所難解。滿人不敢謂政權已解決。而楊氏則言已解決大半。（中國新報第二號六十八頁第七行）滿人不能籌生計之良法。而楊氏則竭盡數萬言之條議。（國會與旗人全部皆是）甚者且以滿人之當兵。爲特別之義務。滿人之營業。爲特別之限制。人不能出諸口。彼竟大言而不慚。人思此而引以爲羞。彼道之則若甚得意。乃至積久習慣。竟成自然。于名犯義。且不惜以一身與吾同胞全體爲難。觀其沾沾自喜而爲言曰。『夫人之所以樂其生者。惟自由耳。率吾之意思而自由發表之。率吾之言論而自由發表之。天下事孰有樂於此者。西人之言曰。不自由。毋寧死。誠然誠然。吾身未死之一日。即吾身自由之一日。何所畏而爲此鼠子避人之狀者。』中國新報二號四十頁四行 小人而無忌憚。乃竟至於此極。猶復不知自羞。習焉不怪。尙敢非笑服從公理之士。如其言曰『此等人心志薄弱。毫無自立志。人言東則不敢向東。人言西則不敢向西。寧爲鄉愿以死。不爲不鄉愿以生。無聊之極思。乃至偸生尋死。眞爲人格之不完全者。吾無以名之。名之曰奴隸。』中國新報二號四十頁八行 推其用意。以歎衆人不附和其談請願者。恆籍不出應世之語爲口實。故斥曰偸生。又見近日投海自殺之風。雖爲救國而死。然不免空喪其身。故斥曰尋死。嗚呼。我中國所以尙存於幾希者。正賴此有二種人以維持我平民之精神也。若并此而無之。更不知中國若何情狀也。楊氏不知侈口謾罵。眞所謂以己之無恥。而見人有羞惡之心者爲可恥。以己之奴隸徽章而妄上人以此徽章。自愚愚人。良足深怪。尤有一不易索解之事。楊氏嘗言『不惜以一身與惡劣官府爲難』又云

第四期

『則除非去此不負責任之政府』。第一號四十九頁二行　則現在官吏中。有能戕其腐敗人員。必爲楊氏所忻慰。乃觀恩銘之銃死。東京學界。無論爲激烈。爲和平。皆同聲以多徐烈士之俠義。兢々稱道不置。不謂楊氏之行爲。乃更出人意料之外。竟作發起人爲恩銘開追悼會於總會館。即素與彼素同情於富貴利達之人。至此亦赧顔而不承命。如其社員某某等。且素爲極端之服從。獨於此事而皆裹足不前。且聲言反對之見於憲政講會報告云『外間傳言本會社員熊□□雷□□。贊成追悼恩銘。其實幷無其事』本此以觀。此輩亦非夙非有眞誠者。而於玆乃天良發現。公理所存。豈盡昧耶。楊氏於此。猶不自懺。見滿人外無一人到會。登壇演說。因痛言中國人心之不可恃。慷慨激昂。聲淚俱下。覽者試思之眞耶僞耶國耶民耶抑名利耶涕淚縱橫吾實不解其傷心之所在　習慣竟成第二天性。眞令吾思百而莫得其理由。昔楊雄作美新。僅阿諛王莽一人。楊度作新報。乃更阿諛滿洲全族。楊雄賣朝而未賣國。楊度賣國更復賣種。無亦其苗裔而變本愈加厲耶。烏乎心性如此。言論如此。行爲如此。則凡我中國人士若稍知自愛者。其亦知所返焉可也。雖然。吾過矣。吾過矣。彼縱如何其卑劣。我亦不應傷忠厚。私人攻擊。君子所憎。苟有以此責我者。吾亦無言以答也。特吾之所言。乃公憤上之義不能容。故一出諸口。似有無限之激烈。惟是流波當挽。公道宜存。化荎之茅。不能不拔之使去。同根相煎。固非予懷。狂言醜詆。又豈我之本意。使楊氏果具良知。則吾人揭示其已往之罪狀。則後此之行動。或可稍改前愆。亦非於彼身之道德無小補。故予之詆之者。乃所以益也。且楊氏至今既獲四品京堂矣。名利之目的。亦已少達。於此之時。盪滌前非。振作前途。雖於大局無所裨。而於私人之過失。亦稍減。苟能若斯。亦爲吾所至禱祝至希望者。惟是往者已往。來者未來。而現在一般之人心。雖無一不知政府之當破壞。然或以累經挫折。遂廢然喪其勇往之心。或以疲懦無能。素怯然乏敢爲之志。遂使前途進行遲遲。而大受障害。而此一種之佞人邪說。復流行於社會腦質中。而互爲激戰。其具愛國之眞誠。素靈不昧者。固不能爲其所動搖。若一般無恥輩。平居己不知愛國之爲何物。今乃利用此黨以爲前導。遂敢昌言無忌。以爲陞官發財之進行。吾恐四百兆之人民雖衆。必至於墮落於世界最下層之人類而後已。此予之所以不能已於言。而實又不能不言者也。嗟嗟進懷既往。默念將來。故國河山。空勞魂夢。精禽有志難塡滄海之波陽鱎何心又作漢家之蠹用是不辭瘏口更掃塵氛孔子云不可與言而與之言吾誠知罪然吾亦不能辭其責者爰於此章述要求開設國會之大要以爲我平民一般人之警策至次章以後則專發中國新報之癥結有心國事者苟能於此一留意焉則中國幸甚平民幸甚

本章已完全篇未完

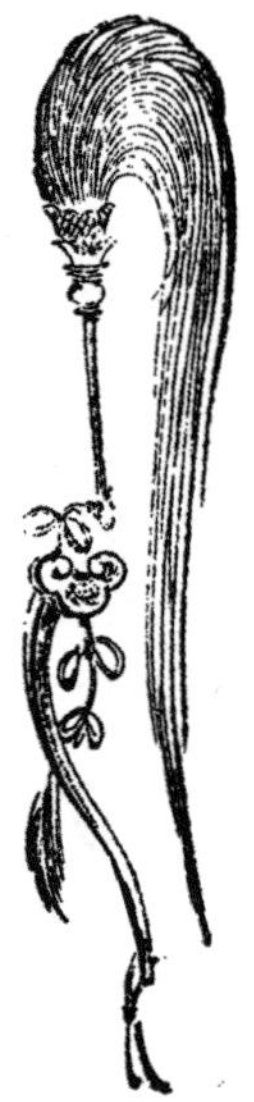

輿國精神之史曜

旒其

引言

輿國不在政府而在國民不在法令而在自覺非然者雖有政府而民與國未嘗有毫髮繫焉不以國爲人類上達之所由而以國爲超智絕倫之所立視國家如天神而視民生如犧牲若詔之曰格汝衆無儆汝惟國家之命是聽躬薦國家惟汝至德而所謂仕者學者敎育者有如神官匍伏於國家之前以其能衣食我者莫之若也于是阿附諂諛而得衣食乃旦夕頌祝曰國家萬能其視國民則猶視參拜之徒漠然無關於心不聞有所敎之導之者厥言厥行要爲一己之利益爾國家國家轉爲利器挾之以護彼輩之罪惡爾民之盲從國家者則曰忠曰義有不者則曰大逆曰不道國非民之所自作國非民之所自有國爲國民爲民國與民未嘗有毫髮之繫也是猶得謀之國民也耶如是而謂國民傀儡亦國民也吾稱之曰有政府而無國民

猶有進者人生何事文明何義性靈之運也歟人道之光也歟人間意識之開闢也歟然則國家何用國家者人類所由以進文明之形式也由之以上征由之以擴展由之以發人道之輝光由之以騰性靈之馳驟而其成也一根於自覺固非更有外物焉可主張是可綱維是可推而行是由是言之興國之命自覺而已惟有自覺性靈于是乎廣運人道于是乎隆施人間之意識于是乎啓發人類之光榮乃顯焉文明之意味乃全焉無自覺者必無國家有之亦猶喪源之水其涸固旦暮間耳然則達自覺之境何由曰對于我生之煩悶而已客觀之徹底永難躋而僅爲神思之所寄神思之所寄者固圓融而無礙而實現之所器者乃凝滯而有涯此人生之所以不得不有煩悶我生非豕無以獲安不得不攀無盡之天探無量之內而求至乎自己以上之自己此其煩悶之一境正人生之所以不失爲人生也人惟至於此境者乃至於大覺生乎死乎死亦光榮生亦光榮生死悠悠不復足論與煩悶戰而死亦充實之死也與煩悶戰而生亦充實之生也生死一擲惟期進乎全人苟未達乎全人之所不足而滿足之焉則奮進之奮鬥之不自已也此自覺之境也覺我之爲我

也惟無煩悶故無自覺無自覺斯有待於外物而法令之制勝矣亦無上征心亦無解脫心亦無神思亦無生活主義有威權而無自由有物滯而無我觀眞宰先亡內省黮闇號召位置惟有外權法令滋蔓矣其如非我之所自有何眞我弗存而法令獨存果何物耶吾斷之曰有法令而無自覺亦無國民也

嗚呼有政府而無國民有法令而無自覺人道無光性靈悉死是獸界耶是枯骨耶木魃山鬼野鼠荒狐窮東西南北各萬里而不見人影長夜曼曼希蘄一縷回頭何見吾見史曜之赫戲古希臘之光華伊大里之藝文振耀北獨乙之宗教易儀十八祺末之佛朗西革命此皆洞性靈之奧區極文明之骨髓者也淵哉鑠乎如星日之麗天如江河之行地乾坤兩位獨曜精神然后知歐州文化所以能經緯寰宇鼓天下之動日新而久大者蓋有本也一本歸立生生不已厥因厥果歷歷可徵自有佛朗西革命而國家之興煥乎始盛開十九祺歷史之先聲導十九祺歷史之偉績使生于后祺者回首顧之有不能不魂動神飛興高采烈者矣雖然猶有說焉歷史惟歷史無光明回顧惟回顧無活力惟以過去歷史現之于今生回顧之中勵之以前

進光明始表活力乃闢此又不可不曉者也吾之所以言史曜者亦將以史曜現吾民之內曜而已吾今言佛朗西革命之精神

佛朗西革命者近代文明之春雷也凄凄歐州吼朔風而荒大野者一震而見豔陽世界何勢之烈而效之巨歟是必有一物存諸其間發揮而張皇之也是何也曰社會之動變必應於思想之動變國民而懷有一大理想焉其國未有不發一大運動者也當十八稘之后半啓明思潮橫溢歐陸其特色一言蔽之曰以理性主義與箇人自由主義二者讎君權教權欲盡舉舊有之制度文物而一新之也發源於英侖自夏孚芝伯黎 Shaftesbury 首斥天啓說以闢新運巴林孛路克 Bolingbroke 繼之論道德根荄實存理性純文之士若特復 Defoe 若斯偎夫脫 Swift 又皆以諷誡之筆而發揚之至在佛朗西則不雅裴爾 Pierre Bayle 爲之魁不容于母國出奔和蘭發大聲以諷刺世界擢獨斷而入懷疑排宗仰而談理性厥后大哲踵起有福錄特爾 Voltoire 久遊英國多所化感以俊發之才縱橫之筆擲一生以與權威戰掊擊教會以其縛人心也鞭撻國家以其奴庶民也有孟德斯鳩 Montesquieu

箸波斯文錄 Lettres Persanes 借犀利之嘲辭以發本土政教之腐朽貴族之專橫箸羅馬衰盛原因論 Considerat ions surles Caures de la Grandeur et de la Décadence des Romains 鑑異代之史實以掊擊專制使無餘地而其所大成者則在法意 De l' Esprit des Lois 一書寫國家之神思一代之鴻篇也有盧梭 Russeau 立論尤卓絕輝感情之眞值闡純樸自然之大美箸羣約論 Le Contrat social 以寫神思所存之社會以爲人類本各各獨立社會者特人類隨意互契而成之者爾不苟同孟氏分權之說以爲立法權即國家之主權而行政權隸之不得與之並立也吾人之所求於法者自由與平等而已人惟遵自作之法而行之者斯爲自由眞詮箸愛彌勒 Émile,ou de l'éducation 以寫教育之神思以爲人各有特性當任其自然之啓發教育者特不害其啓發與夫有足爲啓發之障者則撥除之爾張兒童之權利教育界自然主義之先導也偉力所被天下皆春學術文章爲之大振盧梭之影徂矣而盧梭之心千載不朽所謂共和政體者所謂共產主義者皆萌芽於是即至無政府主義亦有謂受其感引者其在哲學則感情價值賴以晶瑩其在詩辭則羅曼之宗玄情之派實淵源焉佛國自路易十四以還君王幽厲宮闕奢華貴族豪僭驕淫日甚民乏土地財產而擔荷獨重無以爲活乃有上哲挺生福音普布民之得此者如飲甘露如醉芳醪靈府感通現爲自覺人權既認奮鬥乃興夫當時社會不平之衆者莫佛國若而新思潮之澎湃狂流者亦莫佛國若有如斯之不平而有如斯之思潮此驚天動地之革命事業之所由來也豈偶然哉

佛朗西革命之精神一言蔽之曰重視我之一字張我之權能於無限爾易言之曰个人之自覺爾自有佛朗西革命而國家之興煥乎始盛何以言之十七稘之歐州國家既脫教會之覊絆固非不統一以興矣雖然有異焉其个人之于國家也爲絕對之服從此其思想時路易十四朕即國家之言其適例也然自啓明思潮興而个人之精神見對於所謂國家之權能者所謂政體者所謂組織制度者一一分析之評判之社會之體制于以失其力其極也乃有佛朗西之革命而興國精神于是乎煥發是故十七稘之國家有國家而無个人之自覺革命以後則不然其建設之焉以革命之精神更言之十七稘之國家以自由爲犧牲者也而革命以后之國家則

不相侔矣雖缺陷仍多未臻完美而其大體則固以自由精神爲之礎也偉哉新思潮之力也奔騰澎湃洋溢全歐有大哲康德 Kant 出是其朝宗也康德乃十八稘思潮之代表亦十九稘思潮之先導謂之佛國革命精神之代表也可謂之十九稘興國精神之先導也亦可氏之重視理性即重視我之權能者正佛國革命精神之表顯而氏于理性之中立无上命令之道德者又興國精神之朕兆也將欲徵之有氏之鴻箸三評隲在一純粹理性評隲 Kritik der reinen Vernunft 凡自然界自然法向以爲純屬客觀事實離人之精神而實存吾人精神所以認識斯者特不過受動焉耳斯意也康德乃盡擧而顚覆之以謂自然界者有足稱吾人精神之所創者也自然法者吾人主觀之所與者也故其第一評隲之結論有曰悟性乃自然界之立法者二實踐理性評隲 Kritik der praktischen Vernunft 亦然善惡邪正向以爲離人間之要求而有絕對之意義者康德又盡擧而破壞之以謂善惡邪正非屬于客觀亦主觀之物也故其第二評隲之結論有曰悟性乃道德界之立法者三賞鑑性評隲 Kritik der Urteilskraft 亦然擧向之美醜標準惟存客觀之意而

反正之亦視爲主觀之物而以悟性乃趣味界之立法者一語爲之竟綜而言之向以爲誠妄善惡美醜之權衡皆存于客觀者康德起而盡否之曰此吾人精神之所已創者也譬之因果律其爲自然法也非屬于客觀世界特吾人立之以與自然界爾又康德之倫理說所謂自律性者所謂我志自律不受律於他者丁寧反覆以明斯義要之重我之權能而已夫既以吾之認識爲主宰于是以爲萬有物體現象而已假象而已吾人感識之資材而已必待吾人感之識之經緯之于精神之間而后萬有物體方見存義夫如是則其義諦固不在物象而在吾之精神吾之理性康德眞以理性爲全能也于理性之間而發見眞理于理性之間而建恒久之神國康德其哲學史中宣言曰天國惟在爾心之基督也哉不賴夫宇宙不仰夫物象要求宗敎于吾人精神之中曰神非高高在天者也吾之理性是爾理性現而爲神準繩吾爲行使令吾動作爾理性既爲準繩爲使令无上命令之道德于是興矣此非專制外令之聲蓋人類性靈之獨應也康德眞哲學史中之基督哉无上命令斯其福音福音攸届人類何如請入本文引言以止

篇一　德乙興國之精神　自由之戰

自一千八百有五年十月脫來法嘉 Trafalgar 海戰佛艦敗北拿坡侖不得逞志于英乃東其馬首馳騁于德乙而德乙自此多難十二月拿坡侖大敗俄奧聯軍於澳斯達列支 Austerliz 翌年萊因十六州組織同盟奉拿坡侖爲護主獨乙疆域爲之益蹙以故法蘭碩二世遂不得不去其神聖羅馬帝國皇帝之稱而僅稱奧帝于是千年帝國瓦解于一旦嗚呼獨乙諸邦既盡蒙其難脣亡齒寒普魯士能獨外乎侵寇之禍亦日迫一日至哈諾華之返于英普魯士更無可忍矣乃與英俄聯盟宣告啓戰陳師于耶奈 Gina 方欲一戰以償夙憤迺拿坡侖疾馳其精銳之鋒一舉而粉齏之時十月十四日也同日佛將達復 Davout 亦大破普軍于奧額爾斯德 Auerstädt 拿坡侖復以破竹之勢長趨入柏林置大本營以號令天下明年伊勞 Eylan 弗力特蘭 Friedland 之二戰大摧俄之援軍七月俄普兩帝遂會拿坡侖于宜湄 Niemmen 川畔之帖爾西 Tilsit 締結和約因是約而普失土地之半萊因 Rhein 額爾培 Elbe 兩川間地盡歸佛有復償金一億三千四百萬法郎此拿

坡侖優勢峰極之時正德乙國民凄慘荒凉之日也

雖然國家之興亡衰盛亦視其民性靈活力之何如耳民心不死雖亡國久者猶且光復況一朝之失乎德乙國民非以耶奈奧額爾斯德二戰之敗績帖爾西和約之屈從而遂喪失其精神者也有道義之騰奮有自由之活動有歷史之追懷經六年之刻苦精修而國民之自覺乃現國民之雷動乃興千八百十二年冬十二月拿坡侖敗還自墨斯科忽焉黑雲萬叢密集于其側翌年二月三日普王爰下詔令全國壯者執于戈三月十七日布告國民文陳啓戰之由舉國青年爭赴恐后詩人投其筆藝士韜其作大學生不恤棄其所學咸策馬以應復部勒同盟軍共矢丹心爲祖國戰爲自由人道戰十月來比錫 Leipzig 最后一役卒獲大捷此非其民之精神旁薄鬱積所致者能有是乎夫令國民執兵者固帝王而成其爲國民者非帝王非國家國民自己爾其事業非國家政府之要求乃國民之自動爾

自千八百六年至十三年間德乙國民之態度誠慷慨誠莊嚴然要知其所以鼓國民性靈之動者果何物耶曰非軍隊非政府非勅令講壇而已敎會而已學校而已

詩歌而已更言之曰教育曰宗教曰哲學曰藝術而已

抑十八稘末葉啓明思潮稱霸歐陸宗教哲學文藝政治無一不染其色采蓋旨在理性萬能以理解爲可以律人生一切然其弊也乃育孽子其个人主義之澤乃流而爲幸福主義又流而爲知識主義更下則流而爲斥美主義貪生守雌清談以寂滅當時德乙之人亦有沈湎于其中而不自拔者以爲屈辱敗失亦一現象爾嗚呼殆己幸康德出而反抗之極濟之齎之以新生之福音而德乙賴以不死夫康德亦理性主義之人也曷謂其救主曰彼之說無上命令以理性之聲爲神之聲要求至善擴巳而至于恒久之至道者即其躍脫啓明主義之明驗也由是啓明主義一轉而爲宗教爲道德爲上征其孽子若貪生若淸談皆夭折無遺而義務上遂之念忽發展而爲光榮心爲道義心靈火炎炎鐵血燦燦統德乙國民之思界以進步奮鬥爲其徽幟矣嗚呼偉矣不觀夫德乙當時啓木鐸而曉生民者若希籟若斐錫德若俾司達魯丌若維廉葑卜脫若亨力克來斯脫若勾奈若亞魯德何一非康德主義者乎嗚呼睿哲挺生之日誠國民自覺之朕也

立于講壇播康德說而述上征之道義者有斐錫德 Johann Gottliet Fichte 以我之精能爲宇宙萬有之根本自有斐氏而康德旡上命令之義益彰自有斐氏而道義觀念遂有以統社會之思潮以我之爲我不在乎靜之實存而惟在乎動斯即在乎精能以我之所以爲我在乎有以使我之自在無此能者即我亡我也者無限上征之動力也亦創造之動力也客觀世界也者創造之自我者也故無世界無天國無神明有之惟我道德上征之自識爾康德所歎爲不可知者斐氏闡之以自識之直觀濬康德之本意而排其缺點自樹一本而蔚爲大系立知我行我之序而以自識爲達行我之層以道德鑪納宗教哲學而融化之于是康德旡上命令之義至于此已非爲命令矣心靈活動之自識耳千八百七年斐氏聞拿坡侖之占柏林也孤身長趨首先直入當四圍勍敵之中慨然演說題曰告德乙國民 Reden an die deukche Nation 賡續五次有曰言語之發自本始靈力函活至今不稍濫竄者惟吾德乙國民而已斯誠禀神意宣傳之使命世界之秀絕者也惟其表章神意故嘗破拉丁之族乃今反受其迫害桎囚匍伏于蠻野物力之下痛哉夫宣公道布自由闡眞

理者爾國民之天職也苟爾國民甘斯辱乎則人道萌芽俄頃夭死世界人類共淪于幽海之中是豈生爲創造人道我德乙民族之所堪乎吾敢告曰我祖國之民其奮起得爲皇祖之光榮神思起而抗拉丁族之壓制爲世界理道箇人尊嚴而勇鬥者非人生之價值而何耶非即人生至善之表顯而何耶其言熱烈慷慨有血氣者能無動乎以史蹟之懷思神閟之冥想主觀之德念使德乙民族之天職有以自覺德乙民族之秀杰有以自信向之奉萊信 Lessing 之世界思想者一轉而爲愛國心惟有德乙民族斯有世界惟有德乙民族斯有人道以如斯之魄力如斯之眞誠靈化人生極其燦爛彼民族之騰躍固其所耳

在教會而標榜康德說者有索雷邁赫爾 Friedrich Daniel Ernst Schleiermacher 其宗超絕之主觀主義也有如康德其采中古思想而極羅曼派之壯麗者又如諾弗里斯 Fridrich von Hardeuberg. Novalis 索氏以發揮个性爲宗教道德之第一義雖然所謂个性者固非利己之私執實融化羣倫心性之謂也洞徹夫社會个人之關繫以全羣進步之資厥維个性之擴展个性擴展以皇大全羣斯即謂之羣

德是故个性皆進轉而爲一則新教化之社會于是立矣且索氏有以會撮中古思想之精旨者也以爲宗教道德一而已矣故其爲信仰也即與道義之上征同時而並具者也其爲祈禱也即與人格道念之自覺又同時而並具者也惟其有信念有自覺故當國民危急存亡之時鼓舞其民以勇氣而復以堅忍精神砥礪之嘗曰今巨惡直迫我國民矣然吾儕宜堅當之毋少怠毋以邪惡而喪勇氣弱智慮更毋以邪恐而絕吾儕人生之快樂失健鬥之精能索氏又讚美其國史中統一之偉業以勵國民其於養成國民壯大之氣象者蓋大有力也

（篇一未全）

第四期

豫省民族遷徙考

別生分類之學。古籍載者甚詳。若夫舉一境民族。以考其變遷之跡。則古代罕有其書。此亦研究歷史者之遺憾也。今特就豫省古今民族。詳考其變遷與古人族類辨物之誼。庶幾可以有合乎。

豫省之地。處中國之中。爲四方所必經。苟有禍亂。則豫省首被其鋒。故豫省民族之變遷。亦較他省爲複雜。上古之時。豫省之疆。或爲苗民所竄宅。然考春秋命曆序諸書。當循蜚紀時。有狚神氏者。與黃神氏同出于長淮。則斯時漢族之威力。已達豫省東南。有又大騩氏者。居于騩山。在今新鄭縣附近。亦漢族宅居豫省之證。厥後伏羲都陳。祝融氏都鄶。而軒轅亦長于姬水。（今河南府）受國有熊。（今新鄭縣）則當時漢族之民。由黃河之上游。入中原之腹土。以豫省爲根據地。豫省苗民。夫固屏跡南遷矣。故顓頊帝嚳之都。均鄰豫省。惟呂覽言堯與苗民戰丹水之浦。丹水浦者。南陽附近之地也。竹書紀年言大禹克曹魏之戎。曹魏戎者。開封以東之地也。意唐虞之時。豫省東南尚間爲他族所雜處大禹以後始悉爲漢族版圖至此以降豫省之民盡爲純全之漢族惟西周之時徐戎偶竊河洛（即偃王西征事）汝南之地間雜荊舒然其禍僅中邊陲已耳東周之世外患益急異族內遷深入豫州之腰地今試即其可考見者略述如左

甲屬于通古斯族者　東周之時通古斯族若山戎諸國均居幽薊之間惟別族之鮮虞鄰于豫省東北而北戎則錯居豫省東

一鮮虞　鮮虞一名中山其根據之地在今直隸新樂縣西春秋季年其族始大屢開釁于晉其南境直與衛聯蓋達彰德衛輝之北矣故齊衛圍戚求援中山（哀公三年）戚在內黃開州之間爲豫省北境則大河以北曾爲鮮虞兵力所加及戰國時中山躋爲王國卒滅于趙

二北戎　北戎者即己氏之戎其所處之地在齊魯鄭曹宋五國之間蓋密邇豫東由現今蘭儀陳留縣境東達曹州當春秋之初侵鄭（隱化九年）伐齊（恒公五年）擒凡伯于楚邱（隱七年楚邱在曹縣西南）侵魯濟西（莊十八年）伐曹獲曹伯（莊二十四年）兵力之盛歷久未衰又衛有戎州即左傳哀十七年所謂公入于戎州己氏者殆亦此族土著之民

河南

乙屬于土耳其種族者。土耳其種族古代蓋居河套附近周衰南下其居豫省邊境者有赤狄及長狄諸種。

一赤狄。赤狄之初蓋由今直隸順德大名附近西達山西之潞安春秋之初。此族最盛既興師伐邢。莊二十二年邢今邢台遂南下滅衛。閔二年滅溫。僖十年溫在今懷慶府又迫逐黎侯。即漢黎陽河內版圖悉爲狄土及周襄王時復應子帶之召興師伐周蓋由溫孟濟河直達伊洛之間故襄王避狄出居鄭邑後經晉師之攘斥而白狄復與分離赤狄遂衰悉爲晉滅。顧棟高春秋大事表曰凡春秋之單以狄舉者皆赤狄也

二長狄。長狄者一名搜瞞所據之地蓋在今山東西北處山谷中當春秋時魯及齊晉均避其兵復興師伐宋爲司徒皇父所拒敗之長邱則豫省東境亦爲此族所憑陵後爲晉齊所併。

丙屬于氐羌種族者。此族蓋來自西陲及東周時由雍州東達豫州分地而居。其族類可考者有犬戎戎蠻茅戎姜戎及伊洛諸戎。

一犬戎。犬戎爲氐羌之別族自破滅西周以後居岐豐涇渭之間其別族之

東徙者直散處關東居崤函之側觀春秋閔公二年虢公敗戎于渭汭僖公二年復敗之于桑田渭汭爲今渭汭縣地桑田即今陝州閿鄉縣也此犬戎錯居豫西之證後其地入于秦晉。

二戎蠻　戎蠻一名蠻氏處今汝州附近魯成公時曾從晉侵宋後逼于強楚魯昭十六年楚殺戎蠻子及哀公四年晉復執戎蠻子赤歸于楚此族遂亡

三茅戎　此族一名徐吾氏以處茅津得名由今山西平陸縣南達陝州北境春秋之世曾敗王師（成元年）後蓋爲晉所併茅亦作留字轉爲柳實則均一音之轉也

四姜戎　姜戎一名允姓戎其初僻處燉煌即闞桓伯所謂允姓之間居于瓜州也後見迫于秦即范丐所謂秦人迫逐乃祖吾離于瓜州也及魯僖公二十三年秦晉遷之于伊川左氏傳記之曰平王之東遷也辛有適伊川見被髮而祭于野者曰不及百年此其戎乎其禮先亡矣後秦晉遷陸渾之戎于伊川即此事也故亦名陸渾之戎其所處地跨伊洛二河由今伊陽及嵩縣之北以達

宜陽後从晉師征伐列于會盟及魯昭公十七年。爲晉荀吳所滅。其遺族居魯地者。名九州戎居陸渾故域與陰戎同爲晉屬。

五伊洛諸戎。 伊洛諸戎析爲揚拒泉皐伊洛三族。以所居之地得名。揚距在今偃師附近泉皐在今洛湯縣西南。皆爲戎邑伊洛戎者。散居伊水洛水之間者也當子帶之亂。曾同伐王城至春秋之末地併入周周有陽邑昭二十二年到子奔陽 及前域。昭二十二年之師續于前域 即提拒泉皐故域也。

由以上所言觀之。則知春秋之世豫省之地已爲殊族雜居之壞考其遷入之原因。蓋以封建之朝。兩國之間。恒多隙地易爲異族所窺伺利則進取不利則退居。如狄據晉衛之間戎據魯鄭宋曹之間是也。自諸侯戰爭。利用戎卒之悍利恒引之爲已助故分土相授使之聚族而居如秦晉遷陸渾戎於伊川是也自是以外則均乘西周喪亂之餘占領中原之曠土然自是厥後則漸易游牧爲土著如衛有戎折周有前域是即風俗禮制亦漸化于中邦故中國諸侯亦多承認其獨立觀魯隱會戎于潛晉人會狄干攢函戎人朝周齊人盟狄姜戎敗秦戎蠻伐宋則朝聘之儀戰爭之舉雖在蠻夷咸與其盛而豫省故國如杞爲夏裔亦退染夷風致爲春秋所貶蓋豫省民族之雜淆實以此時爲嚆矢厥後楚晉二國開疆拓土日與異族啓競爭大河南北悉入晉封汝潁以南悉成楚境殊族遺民其有居腹地之中者其始猶各成部落積時既久遂同化于漢人蓋自周襄娶狄女爲后漢族已與異族通婚民族混合實是之由其有負强悍之姿者則大抵退居塞北即後漢書所謂遺脫者皆逃走也觀于春秋以降豫省之地無復異族雜居之跡則以同化及遁居之故耳此豫省民族變遷之一大關鍵也

東周以降豫省雜居之殊族漸次肅清西漢之時凡華夏雜居之地均謂之道東漢之時則謂之屬國然道及屬國皆爲豫省所無惟西漢初業間用樓煩軍从漢軍轉戰河洛間東漢之時設越騎校尉于洛陽又北軍中候兼監胡騎而長水校尉兼主烏桓騎則兩漢之世歸附之異族非無侗居豫省之民加以佛法西來白馬建寺天竺西域之士亦競往東京此又豫省多客族之證也若夫異族侵略之禍則永初五年羌寇河東至河內而後漢書張純傳復言烏桓元帥寇掠靑徐幽冀四州則豫省

之陲。非無夷民侵盜之禍。厥後羌族徙于關西。匈奴遷于塞下。鮮卑之族亦入處北方。至于晉代遂召五胡亂華之禍。試將其事之關于豫省者略述如左。

河南

一漢國。漢劉氏起西河後兼併司雍幷冀青兗六州。晉永嘉五年攻陷洛陽。屢得屢失。復于是年得河內。（今懷慶府）建興元年復取鄴城（今臨漳縣西）于晉。（以上屬司州）及咸和元年。復取荊州之順陽（今南陽襄陽間）其地直達嵩洛以南。及靳準之亂。石勒叛之。境土中分。劉曜都關中。東得弘農（今陝州及河南府西境）上洛。（今陝西商州及河南陝州地）順陽諸地。後亦併于石勒。

二後趙國。後趙石氏。初據襄國。後叛劉曜稱趙帝。其地皆故漢時所據。又南取青兗豫三州。于太寧三年得晉司州之滎陽（今開封許州及懷慶）永昌元年得兗州之陳留。（今開封衞輝歸德大名地）及豫州之襄城（今汝州南陽許州地）許昌（今許州東）譙（今歸德南境及安徽鳳潁北境）咸和元年又得豫州之汝南（今汝寧陳州光州地）咸康五年復取荊州之義陽（今南陽及湖北之襄陽德安）于晉。永和五年兼有南陽乃徙都于鄴。（置司州治洛陽豫州治許昌荊州治魯陽後石虎改司州治鄴增設洛州治洛陽）後爲前燕所滅。晉亦頗收故地。

三前燕國。前燕慕容氏。起于平州。南下滅趙。全有幷幽平冀青五州之地。永和十年。得司州之河內于呂護。興寧元年得司州之滎陽于晉。二年復得豫州之潁川（今許州陳州地）陳（今陳州）、汝南。三年。復取洛陽。又于升平二年。取兗州之陳留豫州之譙。太和元年。取荊州之宛城。（今南陽北）伊洛而東皆其屬土。（惟司州之弘農上洛屬秦豫弋陽安豐襄城屬晉）亦據鄴為都。（置中州治鄴豫州陳留洛州治金墉荊州治魯台後豫州徙治許昌豫州徙治魯陽）後為前秦所滅均入于前秦。

四前秦國。 秦符氏初起略陽。東徙枋頭。（今濬縣旁）後西入關中。與燕分據石氏故地。永和八年。得豫州之許昌司州之洛陽弘農。旋失許洛。九年。得上洛于晉。太和五年。滅燕。復得洛陽許州。並得司州之鄴東至兗州之陳留。太元元年。取荊州之南鄉（即偃王）於晉。三年。復取南陽順陽。以豫荊與置分界。豫省全境悉為所有。（置豫州治洛陽洛州治豐陽兗州治倉垣東豫州治許昌） 及肥水之敗。為後燕後秦所分。晉亦收復河南故土。

五後燕國。 後燕慕容垂。秦敗復起。初得冀州。都中山。太元九年。得司州之滎陽于晉。十二年。得兗州之東留滑台于晉。十七年。復得司州之黎陽于段遼。河南之地所得甚稀。壤土狹于前燕矣。（置兗州治滑台徐州治黎陽） 後魏兵南下。地入于魏。棄中原而入兩龍。僅保平州之土。

六南燕國。 南燕慕容德。得徐兗司三州邊境。及青州。于豫省附近。恃滑台為重。

鎮。後滅于晉。

七後秦國。　後秦姚氏。畔秦起渭北。奄有關中。隆安元年。得司州之上洛弘農于晉三年。復得河南榮陽。繼又得豫州之穎川及兗州之陳留。于荊州邊壤得南鄉荒地。于秦爲郡十二。後以予晉。其亡也。關中之地沒于夏。餘均爲晉所復。

八夏國。　夏赫連氏起安定。晉滅後秦弗能守。因得盡取其故地。天熙元年。復取司州之陝城于晉。地達關東。後滅于魏。

由以上所言觀之。漢爲胡族。匈奴之裔。後趙爲羯族。亦匈奴別種。均屬于土耳其族者也。前燕後燕。均爲鮮卑。屬于通古斯族者也。前秦爲氐。後秦爲屬于西藏族之別部者也。夏爲劉虎後裔。亦爲胡族。是則豫省之地。當兩晉之時。由胡羯最盛時代。易爲鮮卑最盛時代。由鮮卑最盛時代。易爲氐族最盛時代。又由氐族最盛時代。易爲羌胡鮮卑割據時代。與羅馬中葉所罹蠻人之禍。大約相符。試推其原因。則以魏晉之間。豫省之地已爲夷人所雜處。觀太康元年郭欽上疏謂「西北諸郡皆爲戎居。內及京兆魏郡弘農。往往有之。魏郡者。河北之地也。弘農者。關陝附近之地也。又江統從戎論亦謂熒陽勾驪本居遼東外塞正始中毌邱儉討勾驪徙其餘種于熒陽。始從之時戶落百數子孫孳息今以千計數世之後必至殷熾熒陽者大河南北之要區也足證豫省之地華夏雜居已非一日故始則塞北殊族漸染華風繼則中原遺黎淪于異種而豫州民族亦緣是而變遷其變遷之跡有三一則豫州土著之漢民多舍鄉南徙永嘉南渡中州盡棄司州淪沒則僑置司州于徐兗州淪沒則僑置兗州于京口或移治廣陵盱眙山陽豫州淪沒則僑置豫州于江淮之間居于蕪湖。

晉書地理志云永嘉之後司州淪沒劉聰元帝渡江僑置司州于徐非本境也又云惠帝之末兗州闔境淪沒石勒是時遺黎南渡元帝僑置兗州寄居京口明帝以郗鑒爲刺史寄居廣陵後改爲南兗州或還江南或居盱眙或居山陽後始割地爲境常居廣陵又云永嘉之亂豫州淪沒石氏元帝渡江以春穀縣僑立襄城郡及繁昌縣成帝乃僑立豫州于江淮亡間居于蕪湖

嗣復僑置陳留郡于北譙（咸康四年）置襄城郡于春穀（見上）置弘農僑郡于尋陽而僑置之縣別有陽城（屬臨淮之督其縣）考城（同上）襄垣（屬丹楊之蕪湖縣）頓丘（屬淮南之全椒縣）山桑（同上）穀孰（屬淮南之歷陽縣）雍邱（同上）小黃（屬安豐縣）汝南（屬武昌之沙羨）縣均見于晉書地理志蓋神州陸沈百年邱墟其有流人渡江者則爲之僑置故州郡使之不忘故土而司豫兗僑置各所或鄰淮北或界淮南或遠居江南之壤足證當西晉末年豫省土著之民播遷南土其數孔多不江南貴族獨半屬司豫甲性也。

如庾氏爲潁川人蔡氏爲陳留人褚氏爲河南人應氏爲汝南人是其可考者一。二則他境之民多羣遷豫省據晉書所記者言之如祖逖爲范陽人。初率親黨數百家避地淮泗京口流人奉爲行主。復率部曲百餘家北渡由淮徐之北。進屯雍邱陳留。又李矩爲平陽人。劉淵攻平陽百姓奔走。推爲塢主東屯滎陽。後移新鄭。魏浚寓居關中。與流人數百家東保硤石及洛陽既陷改屯洛北石梁塢足證永嘉之際他境之民僑居豫省亦復實煩有徒此可考者二。三則異族之酋既割據北方其民亦散居豫境如石勒降羌羯十餘萬落徙之司州。又徙雍秦戎人十餘萬戶於關東。以蒲洪居枋或以姚弋仲居灄頭及石虎時又徙段遼人戶二萬于司雍兗豫。嗣冉閔入鄴所殺胡羯計二十餘萬前燕都鄴。鮮卑居者爲戶四萬有餘。苻堅之世處丁零翟斌于新安澠池又命平原公暉鎭洛陽配以氐戶三千。此均載在晉書者也足證豫省雜居之夷爲數不下百萬此可考者三。以上所言均晉代豫州民族遷徙之大略也至元魏勃興而豫省之民族愈呈變遷之夥可不嘆哉。

自五胡亂華以降。豫省半爲殊族所宅。惟晉永和十二年。後趙滅亡。收復河南滎陽弘農上洛四郡置司州于洛陽。哀帝之時。復役于燕。孝武太元九年。收復故土。然東不至汲。西不至弘農安魏隆安中。復沒于後秦。義熙十二年收復。然北不得河內其西境旋沒于夏時元魏初興。晉將王仲德北據滑臺。魏兵攻之不下。至元魏明帝時。滑臺虎牢仍爲南朝所有。而宋將到彥之王仲德。亦屢攻河南。自宋元嘉末年。魏太武遣安頡拔洛陽。克虎牢滑臺。而河南之地多入魏。魏孝文時。宋常珍奇守縣瓠。據以降魏。而宋人遂失淮北四州。故蕭齊北境。已小于宋。梁武之時。于義陽宿豫之間。與魏交戰十餘年。後又遣宿將沈慶之送魏北海王顥反洛陽。深入千里。梁勢幾振。坐魏復取所失地。及侯景之亂。淮漢之北。悉沒于東西魏。爲周齊競爭之場。互相攘奪。而豫省之地。遂深罹殊族之禍。蓋六朝之世。豫省之地。乃漢族鮮卑族紛爭之所也。

當元魏以前。豫省之地。雖爲華夏所雜居。然部族之區別甚嚴。自元魏。以鮮卑種族。翦除燕夏秦（西秦）涼（北涼）由是羌胡氐族及鮮卑慕容氏居腹地者均爲魏人所臣服如赫連氏賜姓宥連氏是也。又姓氏先賢傳言「梁天監中。有鉗耳期陵者。本胡姓也。自河南歸化。」而元和姓纂及通志。以鉗耳氏爲羌人則元魏之時北方各殊族早與鮮卑種族相融至元魏種族。其起于代北者半隨魏帝遷河南獻帝爲之定姓氏。或爲三字或爲四字。及孝文用夏變夷革以華俗皆改爲單字之姓又詔南遷各族。不得舊葬。均葬洛陽故凡魏人所改之姓均爲河南標郡望即河南官氏志所載者是也。唐林寶作元和姓纂。于代北各姓。標題郡望皆曰河南近人孫星衍作校補元和姓纂輯本序。其言曰。「三代以上官有世祿各居其國都自漢徙豪右入關而郡望非其土著。晉室板蕩。中原大族半皆南渡譜牒亡失北朝以三字二字複姓。改爲一字。或與古姓相亂。僅賴魏收官氏志以別之。其言最確。今魏書官氏志所載列之爲表以。著所改姓與故姓之不同

河南

舊氏	新改姓	舊氏	新改姓	舊氏	新改姓	舊氏	新改姓
紇骨	胡	阿伏于	阿	出連	畢	渴單	單
普	周	可地延	延	庾	仍舊	壹斗眷	明
拓拔	昆孫	鹿桓鹿	鹿	賀拔	向	叱門	門

達奚	奚	他駱拔	駱	叱呂	呂	宿大斤	宿
伊婁	伊	薄奚	薄	莫那婁	莫	郤邪	邪
丘敦	丘	烏丸	桓	奚斗盧	索盧	土難	山
俟（以上為七族）	亥	素和	和	莫芦	芦	屋引	房
乙旃（獻帝叔胤）	叔孫	吐谷渾	仍舊	出大汗	韓	樹洛于	樹
焜車（魏流屬）	車	胡古口引	侯	沒路眞	路	乙弗	乙
丘穆陵	穆	賀若	仍舊	扈地于	扈	茂眷	茂
步大孤	陸	谷運	渾	莫輿	輿	宥連	專
賀賴	賀	匹婁	寠	紇于	于	紇宣陵	竇
獨孤	劉	俟力伐	鮑	俟伏斤	伏	俟莫	陳
賀樓	樓	吐伏盧	盧	昰樓	高	庫狄	狄
勿畑子	于	牒云	云	尸突	屈	太洛稽	稽
是連	連	昰云	是	沓盧	沓	柯拔	柯

河南

僕蘭	僕	叱利	利	嗢石蘭	石	尉遲	尉
若干	苟	副呂	副	解枇	解	步鹿根	步
拔列	梁	那	仍舊	奇斤	奇	破多羅	潘
撥略	略	如羅	如	須卜	卜	叱干	薛
若口引	寇	乞扶	扶	丘林	林	俟奴	俟
叱羅	羅	阿單	單	大莫干	郃	輾遲	展
普陋茹	茹	利幾	幾	爾綿	綿	費連	費
賀葛	葛	賀兒	兒	蓋樓	蓋	其連	綦
昱賁	封	吐奚	古	素黎	黎	去斤	艾
濁俟	俟	達勃	褒	紇奚	嵇	庫褥官	庫
叱盧	祝	獨孤渾	杜	越勒	越	烏洛蘭	蘭
和稽	緩	賀蘭	賀	叱奴	狼	一那蔞	蔞
宛賴	就	都郁甄	渴	渴燭渾	味	羽弗	羽

嗢盆　温

由此表觀之。即知元魏各部族。有由四字複姓改爲一字者。如胡古勾引改爲侯是也。有三字複姓改爲一字者。如邱穆陵改爲穆步六孤改爲陸勿歸于改爲于是也。有二字複姓改爲一字者。如紇骨爲胡達奚爲奚是也。有一字姓改爲他字者。如普改爲周侯改爲亥是也。有二字姓改爲他字者。如抔拔爲長孫乙旃爲叔孫是也。其有仍舊姓不改者。僅吐谷渾賀若數姓耳。至于所改之姓。或取其複姓中之一字。如達奚爲奚伊婁爲伊。叱呂爲呂。莫那盧爲莫是。或取其複姓合音之字。如紇骨爲胡是。或取其複姓中同音或音近之一字。如步六孤爲陸。紇豆陵爲竇。輾遲爲展其連爲綦。嗢盆爲温。烏丸爲桓以及出大汗爲韓。賀拔爲何。破多羅爲潘。若口引爲寇。吐奚爲古是。或取與舊姓同義之字如普改爲周。稽改爲緩是。或取複姓會義之字。如是樓爲高是。餘則或無義可徵。然所改之姓。半與漢族固有之姓相同如封氏勃海京兆有封姓漢　奇氏漢有奇琨　如氏馮翊有如氏　于氏東海江陵長安均有于姓　扶氏漢有扶嘉　朱氏吳郡錢塘沛國丹陽有朱姓　胡氏安定諸郡均有胡姓　蘇氏襄陽諸郡均有蘇氏　烏氏鄱陽有烏姓　黎氏宋城有黎姓　瓢氏譙郡有瓢姓　陳氏潁川諸郡均有陳姓　甄氏中山濟北有甄氏　云氏平陵有云氏（漢有庫姓）艾氏（北平有艾姓）奮氏（扶風有奮姓）賀氏（齊國後為賀姓）寇氏（上谷有寇姓）陸氏（吳望族有陸姓）穆氏（漢有穆生）祝氏（中山有祝姓）鹿氏（巴郡有鹿姓）宿氏（雁門有宿姓）叔孫氏（魯有叔孫氏）畢氏（東平有畢姓）乙氏（殷帝乙後為乙氏）屈氏（楚後有屈姓）越氏（越國後有越姓）葛氏（丹陽有葛姓）駱氏（梁泉有駱姓）石氏（渤海諸地皆有石姓）蓋氏（漁陽等地均有蓋姓）是也。與胡冒劉氏、劉冒石氏、羌冒姚氏者，相同。姓同種別，胥為河南土著之民。其始也猶賴官氏諸書標其意。積時既久，譜牒淪亡，子孫數典忘祖，考世系之學者，孰辨其為漢族為北族乎。故民族相融之迹，以豫省為最繁。即漢族所稀之姓，若長孫、賀拔、獨孤、尉遲，亦復代為望族，以自旌其門閥，聯姻帝室，同籍崇班。復以河南洛陽標其望。是則官氏志所列各姓，惟紇豆陵（本姓竇，漢竇武後，奔鮮卑拓拔部，賜此姓）破多羅（本姓潘，其祖曾為魏尚書僕射，後居代）尚為漢族舊姓，餘則均為北族。至于宥連（宥連為夏主赫連姓所改）諸姓，則又為他族降魏之民，今皆以河南標郡望，豈非民族之一大變遷哉。然河南各姓，以元氏、宇文氏為最大。于官氏志所載外虜族，以河南標郡望者。又有如斛律氏乙于氏斛斯氏（均代人）呼延氏（前趙司空呼延冀後）劉氏（河南劉氏代爲部落大人後改）閭氏（代人本居雲陽後爲河南人）可朱渾氏（出自代北後從魏南徙）庫狄氏（鮮卑段瓜磾之後改）步大汗氏（出自塞北遷河南）破六韓氏（同上）賀蘭氏（同上）乙速孤氏（同上）均見于元和姓纂至于唐代和邱穆陵之穆侯莫之陳步六孤之陸均爲河洛望宗又奮氏有奮纘。（唐將軍見姓纂）尉氏有尉耆福。（唐庫部員外見姓纂）婁氏有婁武徹（唐崇道府統軍見姓纂）邱氏有邱和。（唐左武衛大將軍見姓纂）周氏有周智處。（唐右千牛將軍見姓纂）山氏有山顆（武衛將軍見姓纂）蘭氏有蘭長基。（唐右武衛將軍見姓纂）陳氏有陳弘陳賀略。（端州有領見姓纂）如氏有如元擢。（大麻中爲右羽林將軍見姓纂）蘇氏有蘇康。（唐右武衛將軍見姓纂）烏氏有烏洽烏重允（唐河陽節度見姓纂）均確爲北族之裔此均豫省異族遷入之徵。又如萬俟氏爲後魏宗室之裔至于宋代復有萬俟湘萬俟卨系出開封此見于通志氏族略者也若後齊道州別駕吳安誕爲勃海人而居于鄴縣周臣源懷本係禿髮之裔而居于鄴郡安陽均見于元和姓纂略舉數證餘可類求合而觀之則北朝之際爲殊族遷入豫省之時代又何疑乎

（未完）

豫省語言變遷考 續

豫省本境之中在古代之時語言或互相歧異試就揚氏方言觀之。有宋衛之言異于陳楚者。卷一憂字條宋衛或謂之慎或曰譖陳楚或曰溼或曰濟計一條 有陳鄭之言異於晉鄭者。卷一餘字條陳鄭之間曰恈晉鄭之間曰烈計一條 有晉鄭之言異于韓趙者。卷二猛字條晉魏間曰擱韓趙之間曰梗計一條 有同魏之言異於淮汝者。卷一長字條陳楚之間曰修宋衛荊吳之間謂之融計一條 有陳楚之言異于宋衛兗豫者。卷一老字條宋衛兗豫之內曰耋陳兗之會曰耇鮐計一條 有宋衛之言異于陳楚汝潁者。卷一容字條宋衛曰傑陳楚汝潁之間謂之奕計一條 有陳楚之言異于關東趙魏者。卷三云陳楚之間凡人獸乳而双產謂之釐孳自關而東趙魏之間謂之孿計一條 自是以外。有陳楚江淮之言與宋衛邠陶之言不同者。卷一憂字條陳楚江淮之間曰憐宋衛邠陶之間或曰憮或曰惟計一條 有宋楚間之言與關東趙魏間之言不同者。卷一慧字條宋楚之間謂之黠或謂之鬼計一條 有關東梁楚間之言與周魏間之言不同者。卷八布穀條自關而東梁宋之間謂之結誥周魏之間謂之擊穀計一條 有陳魏宋楚之言與周洛韓鄭之言不同者卷五罃字條陳魏宋楚之間曰甒周洛韓鄭之間謂之甀計一條 有陳宋之言與衛魯揚徐荊衡之言不同者。卷一取字條陳宋之間曰摭衛魯揚徐荊衡之郊曰掃計一條 有宋衛鄭之言與陳楚周南之言不同者。卷二美字條宋衛晉鄭之間曰豔陳楚周南之間曰窕計一條 然綜其大較觀之。非豫東稱異于豫西即豫南偶殊于豫北若夫偏隅之語異於豫省普通之言方言所載其證尤多蓋豫省之地該于關東之中關東普通之言即豫省普通之言也其有于關東之地特畫地爲區以彰語言之異則特別之語也試即關于豫省者言之。有關東西普通之言異於陳楚趙魏特別之言者。（卷三蘴蕘蕪菁也陳楚之郊謂之蘴關之東西謂之蕪菁趙魏之郊謂之大芥計一條）　有關東西普通之言異于魏宋南楚特別之言者。（卷四蔽厀魏宋南楚之間謂之大巾自關之東西則謂之蔽厀計一條）　有關東西普通之言。異于陳楚宋魏特別之言者。（卷四汗襦自關而東謂之甲襦陳魏宋楚之間謂之襜襦卷五案陳楚宋魏謂之㮬自關東西謂之案卷八虎陳魏宋楚之間或謂之李父自關東西或謂之伯都計三條）　有關東西普通之言異於陳楚宋衛特別之言者。（卷五㮼落陳楚宋衛之郊謂之㮼落又謂之豆筥自關東西謂之㮼落計一條）　有關東西普通之言異於周鄭間特別之言者（卷三蘇亦荏也關之東西或謂之蘇又或謂之荏周鄭之間謂之公蕡計一條）　關東之語或于普通語言之外兼有特別之語方言亦明著其文如陳魏之言或異於關東之語是也。（卷四裙陳魏之間謂之帔自關而東或謂之襬計一條）　是爲變例若豫省之中一名一物均有特殊之語而異名異言不僅一稱隨境而異方言亦明著之如同一傷字汝謂之惄宋謂之悴楚潁之間謂之憖。（卷一傷字條）　同一愛字。韓鄭曰憮晉衛曰㤿。汝潁之間曰憐。宋魯之間曰牟（卷一愛字條）　同一養字。晉衛燕趙曰臺。陳楚韓鄭之間曰鞠。汝潁梁宋之間曰胎或曰陶。

同一快字。自關而東或曰曉或曰逞（此普通之言）江淮陳楚之間亦曰逞。宋鄭周洛韓魏之間或謂之苦。（卷三快字條）此皆豫省全境之言分爲數種者也合以上之所言而考其字聲之同異其例略有數端。一爲與本字爲双聲之例如宋人謂至爲艐。宋魏謂蟒爲蚮。關東謂叨嘮爲蝪蟧蜓蛛。謂蚰蜒爲蠙蜜。山東謂皆爲簽。宋趙陳魏謂舍爲稅宋魏邠陶謂愛爲俺。以及抄之爲蔑。愁之爲愗。臺之爲陶。結詰之爲擊縠是也。一爲與本字爲疊韵之例如陳鄭之間謂跳爲謠。宋衛汝頴之間謂信曰詢。關東謂車紂爲緧。謂汁曰協。陳楚之間謂廓曰摸齊魯宋衛諸地謂計爲寄是也。一爲與本字双聲兼疊韵之例如關東周鄭之間謂勉爲勔。韓魏之間謂猛爲梗。以及帔之與襬是也。一爲與方音之字從本字得聲之例如奇之爲踦。臺之爲胎是也。一爲就本字加發　之例如宋魏之間謂把爲渠挐。渠爲發聲之字。故變把爲拏。宋楚陳魏謂鉤爲鹿觡。鹿蓋發聲之字。故變鉤爲觡是也。一爲就本字加收聲之例如關東謂雁爲鴚鵝雁鴚一音之轉。鵝字爲餘音。陳楚謂孿爲釐孳。釐孿一音之轉。孿字之爲餘音是也。一爲與本字爲合音之例如宋魏之間謂鷄爲鵩鴟是也。凡此數例均關于字音一爲就物形立名之例。如宋魏之間謂簟爲笙。笙爲小義。宋魏陳楚江淮之間。謂槌爲植。植爲直義。以及車紂爲曲。曲綯爲緌是也。一爲就物用立名之例。如淇衛之間。謂篨爲牛筐。陳楚宋魏之間謂篝爲墻居是也。一爲就同義之字爲稱之例。如周鄭之間謂物之壯大者曰嘏。關東謂迎曰逆。謂洿爲洼。山東謂快曰逞。齊宋之間謂大曰碩。宋魯謂往爲適。陳楚之間謂哀爲悼。謂長爲修。梁楚謂遠曰遙。淮汝之間謂棄爲投。陳宋之間謂取爲攎。宋魏晉鄭之間謂美曰豔。陳楚周南之間謂美曰窕是也。一爲就相反之字爲稱之例。如宋洛周鄭韓魏之間謂快爲苦是也。凡此數例均關于字義者。然就今日之語言證之古代。有昔日豫境方俗殊語。擴爲今日普通之言者。如宋楚魏謂盂爲盌。陳魏宋楚之間謂甂爲瓺。陳魏宋之間謂箕爲籮。今則盌瓺籮三字。爲中夏民庶共曉之稱。又如陳楚宋衛通語以飴爲餳。趙魏之郊以蕪菁爲大芥。今則餳與大芥。亦爲普通之名。自此以外別有二例。或今日方音之字與古代豫省方音之字爲双聲。如陳之東鄙謂藏曰摩。而今人謂藏曰瞞。摩瞞双聲。楚鄭謂獪曰爲蔿。而今人謂獪爲訛。訛蔿双聲。此由于字音遷轉者也。或今日方音之字與古代豫省方音同而民間誤書他字如宋魯凡相惡謂之諄憎今南人謂相惡爲作對實則對即諄字秦魏宋晉之間謂殺爲劉今北人或以殺爲溜實則溜即劉字此由于誤書他字者也若夫宋魏謂臿爲鏵今則仍有鏵刀之稱宋魏陳楚以車枸蔞爲筱今則仍有筱頭之稱齊陳謂離爲斯今俗言仍以析物爲斯物齊宋謂啼極無聲曰瘖今仍以啼極無聲爲瘖音此豫省古代方音之存于今日者也或爲一方之俗語或爲中域之恒言夫固歷歷可考矣

紳士爲平民之公敵

中國古昔之盛君繫於民故謳歌獄訟歸之者即爲帝王三代晚近之衰民聽於君故制度考文專之者自稱天子乃不謂自十九世紀之末迄今二十世紀之新紀元。別有一種似驢非驢似馬非馬儼然與現在政府互相提挈以直接壓制我全國之平民觀其頤指氣使咄咄偪人直欲如玩傀儡者牽一綫而滿盤皆動如遇夜行者一吠影而百犬吠聲此何人此何人此非當世所自命爲國民之代表而神聖不可侵犯之紳士乎。

夫歐洲今日雖似爲民權頗盛之時代。然攷其內容。一總統之嬗位。一大臣之入閣。則其要路悉遭更易附己者庸異己者逐。一議院之選舉。則其投票得多數者必其貴族與資本家夫源濁者流未必清本撥者葉安能茂即使中國今日果爲眞心立憲果行地方自治猶恐效東家之顰失邯鄲之步效未一見醜已百出而重勞異日之改革也況其所謂立憲所謂地方自治者並非眞心而彼紳士反利用此新政之名目爲其引火之導線故前日之流寇外患不過關一姓興廢之結局今日之紳士實可使種滅國絕而地球上永無我同胞立足之所也銘功勒石張宏範不是胡兒是漢兒吾言至此吾皆裂吾血沸吾同胞而欲略聞吾說乎吾請言此種紳士之作用蓋政府既利用彼彼又利用政府同惡相濟而又別有彼所利用之人其一種爲曾作大官之老朽此種人本無所謂思想亦無所謂魄力特以其紅頂花翎曾貫搖於頭上頭童齒豁巳待死於墓中狡猾者遂奉以爲名而已爲其副所謂政猶甯氏祭則寡人也又一種爲乳臭無知之小兒此種人中國古所無有自寰海交通留學界中遂發生此物買一紙卒業文憑鈔數篇間接講義無根抵無價値信口妄談自命通學亦爲狡猾者之所喜月捨數百金使之追逐已後或當敎習或充幹事有反抗我者可借文明國之法律以壓滅之此古所謂借六藝以文奸言其人格尙不如新莽安石幷不知周禮爲何物者

彼欲爲最有權力之紳士必先利用此兩種人夫然後上可以狼狽政府假公濟私下可以把持社會淆黑亂白故往往有大庭廣衆自矜發起開會集議掌聲若雷美

其名曰普及教育崇其謚曰提倡實業彼自爲一身之做官發財計誠得矣而吾全體之國民對之則何如。

吾始聞彼政府之諭旨曰。國民程度之未至。與現在紳士之議論曰。社會識力之幼稚。吾亦疑吾程度識力誠如彼所云云也。乃徐而察其爲吾之監督與代表者其程度識力乃不亞於吾而其道德之墮落舉動之乖戾乃反爲一般國民所不忍出乃始恍然於彼之爲此言者彼固自便其私圖非眞以先覺自居而爲全體謀幸福也。

或者疑吾言曰。子欲撲滅此種類之紳士。彼實與現政府相援繫張空拳以冒白刃其如弱不濟事何曰惡是何言試問現在此等專制之惡紳士每省多者不過百十人。其有時列名上書定期演說亦似有無量數之共表同情實則趙錢孫李姓以簡編甲乙丙丁名憑簿記即使附和果多然除去彼發起數人隨舉一人以問今日彼因何事而集會爾又抱何宗旨而贊成以後爾得何種之利益則必皆瞠目而不知所對矣吾讀本國之歷史。見凡奸雄盜賊。夷狄野蠻。篡竊之始。其將踞獨夫之椅時。

必南向者三西向者再升中告天謚曰帝眷改元即位稱爲衆戴今之紳士何其善於摩擬而其形狀口吻之畢肖也

嗚呼吾全國同胞亦知紳士爲平民之公敵乎亦知彼一省之紳士實欲絕吾生命者祇此少數人而吾合羣力以踣之直不啻摧枯拉朽乎若常任此輩盤踞於其間今日言豫備立憲明日言地方自治毋論彼方伺政府之意旨無暇實行也即使辦一二假文明以爲揜飾實則吾自由之心思已爲彼所剝蝕吾公共之產業永爲彼所壟斷是可忍孰不可忍吾國舊俗凡育嬰養老小小之慈善事業尚不甘擲有用之資財付諸浮夸少實從未覿面之人今竟甘爲紳士之所愚弄乎

且吾生雖晚然亦習見十數年前之紳士其腐敗雖無異於今日然與今日之紳士相比較其天良猶未如此之盡喪也昔之紳八行書以囑託其家人子弟於當道或爲其親戚朋友謀位置者每狠顧而鶚視懼人之或見而引爲訕笑也以視今日之觝排異己汲引醜類萬目所集公然投票者何如昔之宦囊既飽遠颺歸里間有開設錢莊典當者或託姻婭以出名或署別號以自諱似知士大夫牟利爲可恥以視

今日之昌言無忌自居總理者又何如昔之居書院之講席者必科舉時代之翰林舉人進士雖不足以當學問尙於咿唔帖括中費去歲月其有譚箋疏考據詞章之學者亦必於四庫之書略涉門徑以視今之盲從瞎說強人就我支離怪誕不可究詰者又何如昔之持籌握算集股經商者必其已有餘產習練市情道合志同始招共事以視今之家無隔宿之舂囊無一錢之積取他人之貨財供一已之揮霍託名勸募實則抑勒一切舉動不令股東干預者又何如世有撰官塲現形記之小說者欲盡今日紳士種種之醜態非別爲紳界現形記筆不足以盡吾說也

夫惡莠不除則嘉禾不植豺狼當道則麟鳳匿迹凡我平民應盡之義務應享之權利爲其把持殆盡雖有魁桀之士熱心公益者亦且心灰氣沮望祖國而却步矣間有發爲讜論糾正其慝或因民意之不順激而爲示威運動者彼且借擾亂治安破壞秩序爲名出野蠻之全力嗾彼官吏殺之僇之逐之辱之嗟乎誰爲擾亂何爲破壞願彼平心以自審

故今日猶任其盤踞不去則改良社會眞無望矣直接以壓制我之階級尙不能剷

盡則彼巍巍高遠至尊無上之政府無論爲平和派之要求激烈派之改革亦且呼斥不聞矣夫政府猶發蹤之獵人而紳士則其鷹犬也政府猶操刀之屠伯而紳士則其殺人之鋒刃也立憲乎地方自治乎利多數之平民乎利少數之政府與紳士乎我國民盍興乎來

論文章之意義暨其使命因及中國近時論文之失

近時論文之失

獨應

今夫聚一族之民立國大地之上化成發達特秉殊采偉美莊嚴歷刼靡變有別異於昏凡得自成孅大之國民 Nation（義與臣民有別）者有二要素焉一曰質體一曰精神質體云者謂人地時三事同胤之民一言文合禮俗居有土地賡世守之素白既具乃生文華之數者爲形成國民所有事亦凡有國者所同其也若夫精神之存斯猶衆生之有魂氣一人入世本無異於微塵林林者等猶是戴毛銜齒之倫更於何處生其差別徒以性靈作用故心思言動旣因之各表异於人人而善惡因緣亦焉而坿麗智愚得喪之故可由是洞然如觀火也以言國民精神理亦際此故又可字曰國魂蓋凡種人之合語其原始雖群至厖大又甚襍糅而不純自其外表觀之探其意氣之微宜儳然無所統一然究以同氣之故則思想感情之發現自於衆異之中不期而然趨於同致自然而至莫或主之所謂種人之特色而立國之精神者是已國

人有此乃足自集其群使不即於漓散且又自爲表异以無歸於他宗然後視其種力益發攟而光大之漸以成文化力而强也造詣所及光華美妙並世莫倫或以餘光福人間世普遍大千靡不受福此其一也即不然而國粹深長善能匡大益以潮風所被爲補闕之謀斯亦足自立於兩間不至爲洪流所漂泛此又其一也若夫愈下斯無可言及舊澤之不存又新潮之弗作其能不顚連倒擲以入灘洑中而歸於盡絕者幾何也由是觀之。質體爲用雖要與精神並尊顧吾聞質雖就亡神能再造或質已滅而神不死者矣未有精神萎死而質體尚能孤存者也哲人覘國討探其盛衰興廢之故或反觀既往以遠測其將來亦但視精神之何如而已寗必張皇鶚顧竊計其執兵之數而爲之據哉夫固知靈明美偉者之必興愚鄙猥瑣者必耗而亡國滅種之大故要非强暴之力所能獨至也

吾言立國精神。其要如此。然僅以自意立言。無徵不信懼未足堅吾說也則將以鄙陋所及捃摭史迹拉襍而列比之令爲證言所陳者首埃及夫二千年來埃及不國矣自法老舍提二世以後國漸式微文物凋零道德頹喪降及末葉益入淫貪波斯

一登遂以瓦解今者江河益下淩夷日甚懼弗免與紅人黑種同邱而古國王孫遂莫自拔於阜隸矣雖然埃及固亡舊澤則不能俱燼也試一披圖籍爲按種文化之留遺見其祠墓象石塊然仍存益以碑碣之所鐫鏤貝葉之所紀書古厚莊嚴靡不足見精神之所寄又試擧其經文一讀死書（埃及最古典冊之名）則感於思想之神閟幽玄有不禁瞿然起靈畏念者此所以立教明鬼爲萬國宗而洮汰之餘莫可終絕爲吾言例者一也其次者爲希臘希臘立國亞於埃及而文教之降亦美偉媲於無極蓋國人信慕所歸物唯在美故即所立神道之教孅妙玄崇絕異凡軌人入亞什妮阿孚羅大諦（二神女名）之廟者具瞻色相固非徒頂禮之攸歸抑亦有美感玄情直示人生神閟之源泉而啓沃其靈府者耳若言其他則土木之事獅門始建實遠居耶穌二千年前而丹青繪畫金石刻鏤下逮瓶罍錢力之藻飾陶土象偶之摶塑亦莫不造迹始徼成功廣遠世推美術之宗迄於今玆四表之民悉被其澤焉且不止此文章之士首生鄂謨 Homer 有右列比兌斯 Enripides 梭弗克勒斯 Sophocles 之徒繼之哲學昌於梭格拉第 Socrates 有亞理斯多德 Aristoteles 柏拉圖 Plato 之徒

繼之風流所及四海披靡如江海之遠日月之高而不可極也豈不大哉前旣流澤深長宏被天下矣後亦卒以此力能自再造（希臘重建邇在百年近更有新文章信文明古澤之未斬也）則如吾例者又一也夫之二國者遠出荒古居草昧未開之時民生蓬聚總總者數亦何限而此獨脫穎以出文明特得先進者何歟豈眞深眷於天有諄諄然命之作之師表者乎亦第緣精神之故能善自大而底於玉成之域者耳二國興亡繼絕迹雖不同顧言文化所由光被人寰燦然不可磨滅則一也故觀於埃及宗教之發達奉行始自大秦漸及古德法諸地王迹所至靡不歸依其宗風之盛唯基督繼興可與讎比而已雖然景教之作云蛻化可曰迭興則未也學者嘗言其故謂聖眷之說正與天后母子相衷而亞門諦之與樂園地獄說尤可比然則二者迭蛻第存實而去名耳可知宗教新流雖能化易六千年前舊旨而代之至其根株所在乃卒莫能盡剷也（上據英國彼武列氏箸古埃及宗教志略所論）希臘之化重在哲理藝文斯爲益於人生者尤大當景教全盛氾濫泰西之時其機一厄斥梭柏諸子爲外道禁書勿得讀又毀淫祀妖神至不惜種火古寺椎金神以鑄貨布力非不烈也而終於無功中古之頃文藝復興 Renaissance

遂翻千古已成之局此其關繫之大讀史者皆所深知可無贅述降及今日而流風餘烈且發西方東及三島之地所未感知者獨中國耳然而希臘國民精神之偉大亦已至可欽異者已

古史而外有新進之民朝氣方作為世界華而足證前例者吾當推斯拉夫民族矣斯拉夫為亞利安之分支唯發達特滯久見屈於强隣受鄙夷特甚德人至字之曰 Ethnologischer Stoff（此言人種學原才、猶云祗足供斯學之甄究耳）而西方奴子 Slave 一言亦從此出顧不幾何時倏忽改觀風動雲起破壁將興衆論囂然震警一世之耳目而未能終決者何哉良以國人久蘊之餘伏曜將發靈明昭舒莫可坊遏而已中之著者莫若俄國俄故後起百度咸亞於歐土諸邦第特美所鍾乃在藝文思潮奮發一日而千里席捲之患故不盡在甲兵靈明之蝕猶城下也英人愛諾爾德 M. Arnold 曰俄之文章後其併天下歟哲士固言之矣次如波希米亞 Bohemia 塞爾維亞 Servia 克洛智亞 Croatia 之屬雖彈丸黑子之地亦均文風淵朗足以自雄若夫喪敗之民藉神明之下虧挫而復振百折不回者尤不罕見所謂百足之蟲死而不僵者爾如波闌經六十年大舉而後敗亡塗地而國人終不爲屈識者以知波闌之不可亡或欽之曰自繇之象徵 Symbol of freedom 焉又如勃爾伽利亞 Bulgaria 亞勒美尼亞 Armenia（此係伊闌族）處突厥羈軛之下困於苛政呻吟者閱幾何稔水深火熱莫可拄揞以蠻野之勝家（土耳其爲暴、特其君長、其民間則亦有新文章、蓋未至如人言之泰甚也、）而御明智之民重以宗教不同則其受厲虐可想而殲滅之患亦從可知讀彼國人書紀所言則患難亦至矣然勃爾伽利亞以一八七五年之役轉戰二稔卒以七十八年伯林條約離土耳其而自治雖未能獨立亦半酹其志矣亞民美尼亞二十年前國人立密會曰宏郤 Huntchak（華義曰鐸）以圖自存九十五年事雖不成而民氣日昌不甘久困於轅下則前路光明亦正可知也凡是諸國自波闌以降皆勝民耳其亡其亡繫於苞桑豈有他哉神不亡焉而已試披文史或檢時載當見其文藝作興如春花之開如新潮之漲浩焉無所底極於以知高明華大不覥於生之國民誠不可與貪偷澆薄者同日語而興替之由亦正有不苟者在也

游子遠適曠攬異國之風物賞其山川之秀花木之美者恆不禁懷舊而思故園此

人情然也吾言他國精神之完大旣如上道然反觀吾淩夷之中國則何如夫中國博地多人立國又滋古孳索所及當亘悠宙而莫可猝詳今欲以一夕之話盡羅致而通釋之朗然如踈星之可數此不可得之數也無已將於此粗舉大故爲片羽之見焉則請言其文章蓋精神爲物不可自見必有所附麗而後見凡諸文化無不然矣而在文章爲特著何也人生之始首在求存衣服飮食居處之需爲生活所必取故實藝遂生之事即文物之曙光第其所養者至犓於人理爲極淺迨文明漸進養生旣全而神明之地欲然覺不足則美術興焉凡自土木金石繪畫音樂以及文章雖耳目之治不同而感人則一特文章爲物獨隔外塵託質至微與心靈直接故其用亦至神言心聲也字心畫也自心發之亦以心受之感現之間旣有以見他緣亦因可覘自境英人珂爾埵普 Courthope 曰文章之中可見國民之心意猶史册之記民生也德人海勒兌爾 Herder 字之曰民聲吾國昔稱詩言志古時純粹文章、殆唯詩謌此外皆懸疑間耳、夫志者心之所希根於至情自然而流露不可或遏人間之天籟也故使讀一國書苟能擷文苑之華因以溯思潮之跡則生民情趣正不難知雖閱時千數百年而草

蛇灰線間有陳迹之未湮者焉葛屨見唐民之衰小戎兆秦人之霸事理之感應則然甯信有甚深奧義者哉

今言中國國民思想就文章一面測其情狀準學者之公言更取舍以自見則可先爲二語曰中國之思想類皆拘囚蜷屈莫得自展而文運所至又多從風會爲轉移其能自作時世者殆尟見也此其象爲大否拘攣臣伏垂數千載牛山萌蘖旣摧折於古之小儒根葉所遺暴君又重而踐踏之嗟夫豐林之木將坐此以終殲歟未可知也夫中國者吾之故土甯不欲歌美而甚念之然今不免自詛所親刺其苓落者蓋誠出於無如何而爲吾之長恨者矣試觀上古文章首出厥唯風詩原數三千餘篇中十三國美感至情曲折深徵皆於是乎在本無愧於天地至文乃至删詩之時而運遂厄孔子以儒教之宗承帝王教法割取而制定之曰詩三百一言以蔽之思無邪夫邪正之謂本亦何常此所謂正特準一人爲言正厲王雄主之所喜而下民之所呻楚者耳儒者歷世經營本無當於宗教然後世强爲之詞則字之帝王之教可已觀其稱述周公上承文武以至有堯素王之號所有由來删詩定禮天閼國民

思想之春華陰以爲帝王之右助推其後禍猶秦火也夫孔子爲中國文章之匠宗而束縛人心至於如此則後之苓落又何待夫言說歟是以論文之旨折情就理唯以和順爲長使其非然且莫容於名教間有閑情綺語著之篇章要亦由元首風流爲之首倡逸軌之馳衆未敢也況乎歷來中國文人皆曰士類則儒宗也以是因緣文字著作之林遂悉屬宗門監視之下不肯有所假借道學繼起益務範人心積漸以來終生制藝制之云者正言束縛試觀於此即知中國思想梏亡之甚此非逾情之詞矣若曰吾言過乎而事實具在將何以掩之

雖然其咎有不盡在制之者焉趨時崇實下此者或溺於利功則大勢所之自易與前者爲緣而生惡障蓋皇威所及亦唯利害二塗足爲牢籠之具使其號召而下無附應則涂術且窮而流禍將不大矣然中國則何如也文章之士非以是爲致君堯舜之方即以爲弋譽求榮之道孜孜者唯實利之是圖至不惜折其天賦之性靈以自就樊鞅其有瀟濇自好恥爲物役之士託意寫誠寄爲文華雲泥相形迹誠高矣然綜攬以論則敷揚之意固亦猶是常人之所同而特異其采未嘗有能獨闢逕蹊

一新風會者也世好秋實由來者遠巧智之徒知非和光同塵不能無迕偶有立異久已爲衆所排遂以槁喪矣夫天才之作每不以時雖一時見詫於人間而影響於後來者甚大新時代之化成必有是焉以爲之領此其例不獨見之文章證諸史事而皆然者也歷來中國民間既少傑人之作而爲時勢變遷之主者又悉在帝王則種業之所緣生後果因陳自不易於擺脫無足怪也上者坊民因爲禁制其下附利則樂趨之制藝之目不見於他方而獨見於中國且安保之不致叛軼或叛焉而無繼者此誠吾國文章喪死之極致迷淪實趣以自梏亡思想之翦伐於國民良較帝力爲宏厲而尤可怖也

比者海內之士震於西歐國勢之盛又相牽率競言維新圖保國矣其言非不甚美然夷考其實又不外實利之遺宗驪轉未嘗蛻古者也謬種始自富强之說而大昌於近今立國事業期諸工商感發嗷騰將焉致意而又盡斥玄義謂不屑爲似將盡畢生之力傾注於數數方術中即爲再造宗邦之輿援者此無論事未可知也即使縱志所如諸業駿盛遍中國矣然衣食居處固養生之必須而試問貿易盛工業興

即此二端甯遂足盡人生之事耶雖人生極致究不可曉第或未至隘乃如此則可知也況中國精神萎衰有走阪之勢閉關之世既以是而坐致摧殘及西化東來激於新流益岌岌有席捲之恐雖或倖安而質體徒存亦猶槁木耳實利之禍吾中國既千百年矣亘浸稽天民胡所宅爲今之計竊欲以虛靈之物爲上古之方舟焉雖矯枉過直有所不辭矧其未必爾耶顧欲言一物而不立其義則論者或疑之曰文章小道也意非譏其遠闊不切用於日用人生則疑文章經世之業必如訓詁典章而後可其惑正根於舊習今之所說務取新宗集輓近諸家論文義要著之篇內乃擇其折衷之說和平而不倚者依爲主旨論其意義使命之所在外此別有他宗所論或近新奇未能諧俗則且置之俾不至逆世而駴衆焉

原泰西文章一語系出拉體諾文 Litera 及 Literatura 二字其義至雜糅即羅馬當時亦鮮確解撻實圖用稱文字之形闊迭廉以文譜爲 Literatura 而昔什洛則以總解學問之事蓋其來既久遠又本無精當之釋義故至今日懸解益紛殊莫能定舉其著者則如倭什斯多 Worcestor 曰文章者學問 Learning 知識 Knowledge 意象 Imagination 之果藉文字爲存者也文史家哈闌 Hallam 氏則曰籍册所傳之知識謂之文章然其語有甚弗協者彼於所謂文字的知識一端旣無特義爲之樹別則與他種學識滋易渾融且若括一切知識凡傳自簡册者悉謂之文章斯其過於漫延而無抉擇又可知已次有布路克 Brooke 之說曰文章者慧人思想 Thought 感情 Feeling 之紀錄而列布有方足娛讀者氏爲此言蓋將以娛樂美感爲箸者之的故又有凡爲散文使非有文致特質又謹將意則非文章之言所云特質正謂藝術的特質 Artistic character 而頁伯 Jebb 曰文章在有定式所主張者正同蓋其言旨非第謂文章之體當有甚異於譚言而其品致風華尤必當合於美趣法國評騭家維納 Vinet 曰文章者普含書物而人於是中又總合的以自顯見於人前者也測氏之意殆以文章表人類知能收之小册正如內籀之術總合諸支故易言道之可云文章所以結聚人生之思想寄之美形以表之者也戈克勒 Gauckler 謂之言詞之藝所以自白說雖汎遠意亦同之而愛諾爾德所言義又至廣其言曰文章一大字也凡自手書稿本以迄載册如宥克列 Euclid

奈端Newton之作皆是赫胥黎則以文章一語合於爔文Belles Lettres商德勒士Saunders爲淑彭哈爾（即叔本華亦作壽明好兒）箸書「文章之藝術」作序言文章爲心靈活動之進程又其結果蓋藝術之一也外此尚有波士納德Posnett箸文章通論及美人巴斯庚Bascom氏所言視前加備亦載於此波氏之言曰凡文章無間文詩若謂爲省察所生無寧曰意象之作若謂主的在於敎益又無寧曰娛樂大衆之爲愈且文章之妙又本求知於常識而非有專供者也巴氏則曰國民文章言其一族靈秀民生中最優美純全之質所結晶也一文之作非有凡諸美德足以自垂於不朽者不得與於國文之林思想一物不能獨造著作進之藝苑是有完全勻整逸美諸德爲之輓進也凡其色相之美優於託物者幾何則文之壽亦如其量蓋文章具藝術之特質如此此二氏論旨之大畧也

綜以上諸家之說文章意義已可犓明雖然語其缺點則有數者可擧(一)諸說之中多描寫題字而少詮釋之其言文章率唯擧其相關事理不啻紀述之耳未能當於界說直究討其性質精神之所在(二)其所言之理恒止及一部未能完全故未足饜

饫人心了然使無遺恨頁伯曰文章在有定式此言滋信凡爲界說亦必有其當然不可或缺前此諸說皆東鱗西爪所爲未成定義者正由有所缺陷無完全融會之要素耳(三)則有共同之繆悞焉蓋其說偏倚多持極端而自解之非以文章爲一切學問通名即爲專主娛樂之事夫言文章者其論旨所宗固未能盡歸唯美特汎指學業則膚泛而不切情實亦非所取惟其義主折中而說近似者則如近時美人宏德 Hunt 之說庶得中庸矣宏氏文章論曰文章者人生思想之形現出自意象感情風味 Taste 筆爲文書脫離學術遍及都凡皆得領解 Intelligible 又生興趣 Interesting 者也言至簡切有四義之可言今於下敷陳之

其一文章云者必形之楮墨者也文人 Litterateur 之謂正亞痲孫 Emerson 所謂箸者 Writer 猶言執筆之士耳凡古今演說之詞僅爲言談例不得列即固至美尙無有愧色亦必待轉諸紀錄及有定式而後乃稱文章古昔什洛及柏克 Burke 演說得登於羅馬英倫之文苑者正其類也其或未及聚合留之紙素則說陳之既其職已盡即飄然歸於空無如曇花之一現而已故如上文述法人戈克勒所言以

文章爲言詞之藝 L'art de la parale 且納演說於中者其意爲不直夫文人辯士其間故有係維無待言說然至論文之時欲劃然確定其界而不可混則聲音與楮筆間有不得不嚴以別之者決絕如此正亦不得已耳

其二文章者必非學術者也蓋文章非爲專業而設其所言在表揚眞美以普及凡衆之人心而非僅爲一方說法故如歷史一物不稱文章傳記（亦有入文者、此第指紀疊事實者言、）編年亦然他如一切敎本以及表解統計方術圖譜之屬亦不言文以過於專業偏而不溥也又如泛言科學範圍其中本亦容文章第及科學實地又便非是德之瞿提 Goethe 方作 "Faust"（書名、義曰拳氏）也故爲文士之書迨言光學則爲專論約翰孫氏遊子之草雖爲文章而其英文字彙則否若綜言之則文章對付在於中人以爾者沛布所至須不至偏於兩端其流自大不然而區域甚拘唯利小羣即莫與於普遍之義倍庚之箸顯理七世史以文章爲地爲大衆作也及箸格致新機 Novum organum 則唯供學子羣治之用柏克演說集文有入於著作之林或勿與之者即視此理文章之不文 Unliterary 蓋不必僿陋無學 Illiterate 有足貽笑於大方者

在也凡學術專業之詞皆足爲文章之類耳
其三文章者人生思想之形現也此其爲言非云文人義唯拘於學者巴德勒 Pat-
er 曰文家非學子莫勝今爲之正義則當讀如必思想家而後可耳巴斯庚之論文
也有曰凡其色相之美優於託物者幾何則文之壽亦如其量此亦悞也充其意言
之不啻云文章可離思想以孤立而不失其德矣爲說甚不中唯宏氏謂文章爲人
生思想之形現則既不偏於績學爲文之說亦不至過宗美論唯主藻詞其所執持
之義第曰文章須能感 Sensible 耳猶言貴能神明相通其形雖成於文字而靈思
所寄有更玄崇偉妙不僅及一二點畫而止者又文章之德固亦有娛樂一端然其
娛樂之特質亦必至美尙而非鄙瑣故其結構雖取意雅麗期有以動人情顧即謂
可以不靈或離思而獨在則又非是詩歌說部無論矣即詼諧滑稽之文意匠經營
本不外悅人之意而其文心詞致要亦有靈明之氣以爲之主也所謂思想之形現
是已亞梱孫曰文章者至美思想之載書摩來 Morley 氏曰凡有文章廣大清明
而具美相人於是中得與至理人情爲會之書也其意同此苦夫文勝質亡獨具色

第四期

采而少義旨斯爲失衡雖或爲文字所能有事第以言文章不云當也

其四、文章中有不可缺者三狀具神思 Ideal 能感興 Impassioned 有美致 Artistic 也思想在文雖爲宗主顧便獨在又不能云成如巴斯庚所前言是矣夫文章思想初既相殊而莫一然則必有中塵 Medium 焉爲之介而後合也中塵非他即意象感情風味三事（即頃所舉三狀之質地）合爲一質以任其役而文章之文否亦即以是之存否爲衡蓋抽思爲文使不經此則所形現者將易於混淆更無辨於學術哲理之文矣故文章者意象之作也巴德勒又言文章實合事迹靈明而成形是猶言文字之中有一物焉足以令讀者聆誦之餘悠然生其感想如愛諾爾德云須有興趣是也以上所言多關神思感興二狀至言美致則所貴在結構語其粗者如章句聲律藻飾鎔裁皆是若其精微之理則根諸美學者也集是三者彙爲文章斯爲上乘文人之流品亦視此而定之夫世果有覃思善感之人而不著之文則不可見或著之矣無神思以爲中塵斯其業亦敗且文之有待於能感也讀書一過泊如枯灰無取焉矣而風味調和之要尙爲之殿焉苟其無是雖他德既具猶爲未文而況澆世寡情

絕采之作乎

上來所述文章之義大抵已明今依此旨而生餘論述之如下(一)由是可以識別人生思想之作也察其形成之迹甯由是中塵以來是也則爲文章如其否也若亞理士多德之詩學亞丹斯密之原富約翰穆約之名學雖其思弘富無愧大文然偏於學術一端情采不勝弗敵事實之充塞則非文章而例是者可知矣(二)由是可校讎文章得其量也如傳奇體詩以及體情述史之作同爲韻文而教訓詩什獨缺情思則勿能並列如樸伯 Pope 之天倫詩 Essay on man 要亦自有華采第若與彌耳敦 Milton 失樂園相形則謂其不文亦可也(三)文章形色之異同可由是而見也夫詩之與文其同也等是人生思想率由意象感情風味之作而各涵娛樂之分子若其不同乃在外相詩有聲律而文則否故詩之富於意象風味又有以逕娛讀者之心情當視散文爲過第以言致極斯又終同蓋其量雖殊而所以顯正義達人情圖高上其國人思想者靡有異也(四)言釋文章尙有餘義即中塵之用必三者勻合乃稱至文道覃 Dowden 氏有言曰文章者詮釋物色人情者也人情至隱莫之

能見唯寄之於文總合三者乃可見耳雖然使其作用側宗一解而缺調和則有偏勝之患主神思者入於怪幻重美致者沿爲"L'art pour l'art"（此言爲藝術之藝術）而感情之說則又易入淺薄一流一端傍長即不惜舉他支而悉棄之涵德不具其不中於文律者正自然之勢耳文章意義大旨已如上敘下此將究其使命 Mission 之所寄焉

（未完）

譯述

歐米列國之現狀與民治（續第三期）

象先

二　英吉利

大不列顛之領土碁布于九州旂采翩翻隨日光而出入以是國人自負之心勃焉而起岸然以大國民自許以矜異于人人史家評英人之種性也其言若此夫大國民之語爲佛蘭西全盛之時佛人所自稱而不憚者然至師丹之役辱國喪師此語遂不復出諸佛人之口今英人且取而代之矣夫爲國家立大計于百年亦惟有舍短取長以努力赴于光明之域今史家之所論英人者其適否姑不具論然英人獲此嘉名之所由來有爲吾人所不可不深察者

征人試于深秋一游于英倫之府動輒濛霧充周咫尺不辨雖在侵晨日光燿匿益以煤煙壓于密霧四塞都衢燈光闇然漫如長夜重以汽車之來倏不可測乃發空砲以警行人爲馬丁者亦必提炬前驅是洵歐洲大陸所未之見者而英京則以此爲常也佛之德廬嘗著英國文學史者也彼曾以靈妙之文寫英倫之風土曰英國爲霧之天地叙其地質之濕惡一曝陽光則蒸氣上騰橫溢原野描寫情形罔不惟肖彼又曰詩伯歌佳人舞氣爽民和舉止輕快之樂鄉唯於地中海沿岸山明水媚之間始得見之如終年生息于濛霧之中聽凄雨聲敲柏葉之沙克遜人者果何由夢見耶夫英之風土既缺明媚與豐饒然卒能成爲今日之壯大國民此亦至足推其種人富于開植荒蕪之力蓋就植民之點而觀則英佛二國之民其性質殆全相反英人常離其濃霧塞天之鄉井以試海外之橫飛而造殖民之根據佛人則信自國爲天賦之之樂園以爲在天之神幸寵佛國而此種信心不僅對於佛蘭西全土爲然即其對於所生之鄉閭亦實如此蓋彼中政治家所用拍伊之文（拍伊英人謂之康土列即邦國之義）農夫亦即以是呼其棲息之所以是可知彼人以國與

鄉之觀念融混不分而戀著之情滋重也

英人固重家庭然不喜踡跼于本國之小天地每喜携舉家人淩越萬里而活動于世界其所至之區闢植園林修潔樓宇流派一一如母國蓋英人所執爲無上之樂者固無如拓其家庭爲一小英國之雛範也佛人布麥嘗寫英人植民狀況以警其國人謂英人之初赴加拿大也求土地于都會之近郊而耕之漸次深入窮鄉以拓啓荒蕪爲樂朝夕營營至于卒歲循守常職無復倦厭之思主婦亦能相助良人以竟大業或地寂無人風物蕭瑟亦能佇苦停辛治守家室誠佛人所遠不能及云云夫二國之民一則向于國外而振進取之勇一則株守鄉里而富於戀著之心溯厥由來實以夙昔教育子弟之方其途殊異蓋「佛人欲造成其子弟英人則使其子弟自立」此爲英佛二國之社會觀者之常言也蓋佛所守者財產分配制英則反之而爲長子相續法佛人之子弟戀著其鄉不忍輕去惟力耕所受之遺田拮据經營期不失其衣食之道爲之父母者亦惟旦夕經營壹以殖貲財長子孫爲務爲子者亦任其父母之勤勞依賴性成以自耽于逸樂至娶妻而獲充裕之嫁貲尤爲佛人

所好即父母之爲子女計亦惟勗其株守里閭執一業而不變寧爲薄祿之小吏不事海外之遠游蓋彼方以遠游爲危途故寧避而不踐也近者榜德里極誚佛人之教育方針謂佛之父母所以爲子弟憂者不過欲其于考試與登用時無過失而已於塞奴一縣近缺小吏四員而輩出之候補者已無慮四千四百餘人之衆援此事實痛詆佛人謂其於衣食于官之外優柔無所事事噫嘻抑何其與吾支那大陸之情狀相同耶此拉丁種族之前途所以不振也然相彼英人則與之全然異致教其子弟惟勉其自求自助之方故當七八歲之幼年即早離父母之膝下而入學寄宿以養成自營獨立之風以自助之學而造成自立之人初不屑置意於斗筲之吏其所志者在乎犯艱冒險以攫鉅貲于海外也

夫英人有自立之精神富進取之氣象其本則一由于勤勞不倦之天性而發其熱中于殖產之經營常傾其全力而不遑他顧故格得稱賞之爲世界第一等之實踐國民良不誣也蓋英人以勤勞爲人生之基本不無乏高雅嗜好之感然雖一介之勞動者亦各能依其勤勞而開闢立世出身之路此則他國之民所遠不能及者也

彼等依於自巳之勤勞講發展之方法故視勤勞爲神聖而無敢訴其苦至于起業者與從業者之關係亦依此重勤勞之主義而互保親和罔敢越畔故評者謂英國起業主人多愛人而使之有道自讓而計勤勞者之保護從業者亦樂爲之用計巳之利益而表滿足之同情無敢疎者此獨逸伯倫斯丹巡游英歸來之評判也烏爾列士亦言曰英國之工業社會各依于自巳之勤勞與相互之推讓而持續其活動昔希臘有勇士曰黑里庫士能一擧而殺獅子然有巴枯士者能馴猛虎而御之竟至騎之以歸由此觀之則是巴枯士之智優于黑里庫士之勇也英人之避虛名而取實益術殆若此可謂佳喩矣

然英人之勤勞固自非止于消極靜止之狀態亦常有向上之氣而汲汲進于積極之地位殆與佛人異狀也佛人嘗游英國究其社會之眞相比較國民性格之差異謂佛人安于其業不好進步予所知佛人之桶工以辛苦之結果致儲蓄四十萬法然老夫婦尙日夕營營不渝其業出入于巴里之古靴商常專有其近郊之一部落其中雖有集貲至萬金者然尙日日手執敝靴而營之不倦英人則不然常隨于社

會之進步而汲汲進其地位昨日爲鑛夫而出入于炭坑者今則進而開店昨役于人今則役人往往然矣彼等少有餘蓄必先娶妻以造家庭視爲無上之樂旣得匹耦復以勞苦之暇行樂于瑞士之山中優游自適歸家則求樂器至夜闌則鼓之以爲樂以如此之自營力次第求高其生活之程度是即英人之所長也夫佛人安分英入進取乃其氣象所由歧此研究深思之士所不可忽者也

要之英人之所長尤在于對外之發展近獨逸植民大家秦麥曼氏稱英人爲良植民蓋良植民者有家族而壯健耐事勤勉服業富于勇氣及自立心有堅忍不拔之性者之謂也彼佛國植民多未婚者且乏自立之精神較之母國之人民程度頗爲低下故西人之諺有云佛有植民地而無移住民獨有移住民而無植民地移住民與植民地兼而有之者惟英國耳蓋英人之競出于各地而企植民經營殆出于天性故視遠涉重海如散步于近郊耳

今英之領地散布全球前額里查白女皇當其金剛石祭典之際親出文琢爾宮之寢殿用玉手一觸机上之電機謂「祈我忠實的臣民之幸福」一剎那間此電已達

于六十餘州之領地而女皇之侍從從各植民參列之諸酋長方達倫敦橋之際而六十餘州植民地之答電已來及女皇之薨逝揭弔旗而致悼者實達五億萬人之多也現英之植民地合計千一百萬哩住于殖民地之人民凡千五十萬貿易輸出額凡四十億萬誌其最著者其可驚旣若此也

夫英國之大今無詳述之必要然所以致此之故非徒政府之保護乃成于國民之自力實爲最可尊重者蓋英人本厭過度之保護政策故凡關于公益之事皆不待政府之力而自經營之以盡公益爲國民之公德其依于地方協同之力而養成國民進取之風者亦至可見也嘗通觀英國地方之政治蓋有三長第一富于資力規模雄大是也第二尊重歷史不尙虛華是也第三重名望尙秩序是也通此三長各處如此而其具此三長之泰斗殆尤莫若倫敦矣有六百萬人口之倫敦府實冠宇內之大都會而其于人事及經濟之關係寧世界之都也然自其制度至于事業凡倫敦府之所爲均循循乎不失自重之態而諸般施設已極其大今雖進步遲遲然尙汲汲講改良之方而不倦觀最近發行之倫敦府會年報其投于一府事業之資

金凡一億一千萬圓如下水之事業太唔士河之地下道建造改良家屋之貸付費倫敦府之教育費胥屬不貲觀倫敦教育會之年報謂倫敦一府教育費之歲計等于撒克遜葡萄牙知利各國國費之全部雖其普通之教育費亦尙與丁抹那威瑞西三國之國費全額相等其他如救貧費係倫敦府會之議決者凡需三百二十萬圓此救貧費屬于所謂院內救助者蓋收容貧民于强制作業場而救助之者也其被救助者凡十萬人而英國全體受公救助者實達八十萬人之多直接間接之費用約及一億千萬此實英國之識者苦心努力之結果然實爲最可悲之社會制度之一也

有巴閔幹市者介乎倫敦與滿竊斯打之間其于英國之都府最富于有爲之風而其圖書館規模之大實不多見拉泊克以公共圖書館爲導國民于文化之坦道蓋以其效用可通被于人人得使自由邂逅古聖先賢而循崇至道故彌兒敦曰書中有生氣蓋以人若讀萬卷之書即自可于書中領受樂趣此實不可不謂公共圖書館之賜也

本節未完

清國亦將變化耶

失名

支那現狀及前途。有數大問題。最足供吾人之研究及將來對付之手段者。諸君諸君。請洗耳垂聽之支那老大帝國之徽號素昭彰於世界不俟贅述今因內憂外患遞乘翻然奮崛然起練兵備修敎育理財政收利權種種諸大改革紛沓而起勢欲一蹻而登華嶽一鳴而驚世紀也壯哉壯哉然吾對先於支那。先有兩個觀察以作研究之手序夙昔支那兵隊統由招募無寔行練習之功夫與列强久練之兵隊遇宜不戰而靡清政府有鑒於此故寔行師團之制統計三十六師團而已集成八師團爲進行試辦之基其器械形式無在不以日本式爲規定之標的且敎育亦頗振興通都大邑校舍建築之宏廠較日本亦無不及學校生徒亦略知國瀕於危非研究新智識新學力不足生存於競爭世紀也故强勉奮勵果支那軍備興學校擧鐵血即可生存敎育即可保國言乎獨立烏乎不可故世界有支那復活之論進而察其內容則支那復活之望寔有不敢信者八師團則誠有矣鎗彈亦鮮麗矣軍容肅肅步伍瀟瀟令右轉則向右轉令左轉則向左轉命之立則立命之坐則坐恍若若馭者之御六馬六轡在手有一塵不驚之容焉然軍制不在表面射擊當求命中徵論野戰會合攻守之術不能繪圖指掌即三百米達二百米達亦絕不能命中則所謂師團者不過工官役使之具門番擊拆之役而已不克與列强爭衡者無論矣設數年後支那或有革命之舉此擾擾者徒資人軍火彈葯之需耳夫何堪設想哉故昔年北洋觀兵式西人云必有日本士官潛入其內訓練教導者不然則觀兵式終不能無衝突潰敗者西人之眼可爲犀利吾人但喻於不言矣但以八師團論之日本有八師團之豫備即有八師團之後備支那所謂八師團者八師團而已何則、支那向無戶籍所謂無戶藉者非也政府以戶藉爲取稅之目的不過何村幾戶何村幾家得討丁銀斯願已償而其家之男丁幾人女丁幾人則亦不暇計矣從來日本之傳說北京爲世界第二第三都會人口二百萬有奇洎觀最近北京內務省之調察表統計祇七萬八千之戶數即以日本人口最多數比較之則一戶十人尚不足七十八萬人之數噫、世界第二都會者猶不及大阪一開港塲也所謂幽靈現正體枯樹見尾花者可悲也夫即是而論支那所謂四億萬人口者寧謂二億八千萬人口可也因是無確寔戶籍之缺點吾知師團三年兵役之後勢必解散歸農不致鳥飛獸散者吾決不信昔年歲節兵隊休暇歸里及入營期而歸者十之有三豫備如此後備無論矣其曾晤支那之陸軍大臣謂欲行師團必確核戶籍而彼不過嘘唏太息戶籍之告成不知人壽幾何黃河幾澄矣嗟嗟支那之師團如是試觀其新學之勃興

現支那之新學以日本之學爲新學者無論矣但支那之人與猶太人頭同某出此語跡近惡詆而寔爲支那人之眞諦何則、支那人程度愈高而愈不能容受他物與猶太人頭腦近似即近來盛倡立憲而必與支那之古物昔典濫揷附會不曰此當周禮即曰此當堯紀世界完全美備之憲法稍有不合於支那之斷簡遺碣者即欲併諸國門之外謂猶太人之頭亦何不可某與支那之達官對譚近引遠證時必淮之曰何世紀何世紀而彼即勃然怒曰何國無有世紀豈限於歐西也耶進而叩所據則由盤古至堯何世紀由堯至舜何世紀由舜至禹何世紀此皆中國國威發揚之世紀世紀云爾斤斤者限於太西未免小視宇內矣此皆極可笑之事。中略所謂支那人猶太人頭者凡遇世界之新理想新學說不能平心靜氣潛心研究而求得精微之益但不與己國事物有相符合之節者即斥之爲異端邪敎不能宣行故所謂新學者亦仍然支那流派借新學爲解釋訓詁之具耳以此求文明之達發何異南轅北轍也更進而與支那之政治家譚隣誼攸關不忍不下葯石之言曰、立憲可以救國而理科醫學皆强國之要素凡政治家者胥當視爲最重之點而彼即曰醫學者不過術之云爾中國之學厥在古典而將學之一字加之醫術之尙何其擬學字之不倫也嗟乎此支那精通時務政治家猶如是一般學者無論矣故吾人對於支那樂觀之極點悲觀之極點之二問題者爲最重研究之材料支那之人仍然高慢怠荒之氣絕無勇力進行之心不過上下敷衍補綴時局果三十年後昇平可保則支那或可無瓜分之虞故爲樂觀之極點但世界風潮瞬息即變則六七年內支那即無內部之憂而外患非常之變態未必即能通過大禍臨頭再抱佛脚幾幸之福不可屢邀茫茫神州不知變爲誰氏之土域則樂觀之極點轉變而爲悲觀之

極點矣然此猶屬理論試一觀立憲之前途

沉沉大陸風雲慘憺睡獅不醒之老大帝國於革脫齒落之餘脈斷氣絕之日忽焉伸牙揚瓜奮鬣振翼烱烱有爭衡世界之心焉何以徵之則在立憲支那之政府本無立憲之能力不過二十世紀爲專制君主下塲不得不巧假名目爲掩飾牢籠之術觀其近來對內應外之方針卓卓與立憲預備時代矛盾者自可窺其全豹然而清政府竟言立憲者吾一言以決之寔際內喝外恫之時代而有不能不立憲之詔誥外以枝梧列强內以隱弭黨惡苟延殘喘目前知非善圖顧此外亦無良策何以、兩粵滇桂長江流域革命起事之潮流波浪澎湃一日千里清政府寔有芒刺在背之憂此內恐怖之原因自日俄協商東北之全璧久屬於日露領統權之下俄占領蒙古日本亦取有滿洲則頑蠢之清政府已有失首邱之懼更自日法協約法人自越南進取桂雲日本由台灣折入浙閩此皆彰彰瞬息間事清政府所以訑訑囂囂岌岌圖立憲之舉也吾爲清政府計即寔行立憲則瓜分之禍能免與否猶屬未來之問題使徒變專制之面目行專制之寔際埃及波蘭之慘劇未必不再演於支那何則、察其政治組織寔有令人噴飯者今日修理憲法明日組織內閣聚一群非影非形之老髦頑固而謀維新强大之事業詎能有効即有一二略通時局有長足進步之概者不斥爲躁急即目爲倖進則憲政美果恐難爲清政府期然其所以有種種如此之問題者其何以故支那之政體與日本異日本則全國人民皆與有責所以明治維新時伊藤大縣大隈版垣爲憲政之領袖雖黨派分殊間有衝突而皇室居中調聽故卒得食憲政之美果支那有特權者首指滿洲黨其次政府黨其次富豪而所謂中等民族者則全無議事聞政之資格其次商人農民苦力者更無論矣故支那有最可哂之一事曰野無遺賢進而觀其內容論亦可謂有據支那所視爲賢人奇傑者曰官吏曰金錢備此二者皆稱曰賢支那諺云有金不愁無官有官不愁無金是有金而斷無沒官者有官而斷無沒金者官之所在即金之所在金之所在即官之所由來也何以、金即官吏官吏即金也恐諸君不知支那內容或詫爲異事者爲詳言之吾謂金即官吏者蓋清政府開賣官之門凡有金錢者胥可任意取求無不操劵以償支那有所謂候補道四品京卿者其榮譽尊崇較日本議員候補者絕有星壤出必張蓋揚旗坐必紫鞏紅帷使一般貧民苦力者爲之前導擁彗除道清宮較日本之東鄉大山伊藤騎則一馬坐則一車者決不可比擬究之審其政治經濟之能力微論無經國致遠之略而目不識四字一丁者亦所在多有如此一堆之銅臭錢蠹而欲講地方自治預備立憲之圖者是虎欲成佛馬擬聞經也支那之政體如此社會如此而勞勢於立憲者吾代爲汗顏然而清政府竟言立憲矣吾言其立憲危變之端

一般朝野士夫神亂經謎奔走號呼曰開國會開國會夫國會非一國大政事同衆解決卜進行之方也然支那所謂政治者不過忠奸論而已彼爲忠臣彼爲奸物安石之與程伊司馬之與東波抉心術之善惡爲人物之標準適如吾國水戶時代爲忠奸論之時代然太和之民族尙有革舊刷新之機未幾忠奸論之弊掃支那則歷二十四朝間孜厥亡國歷史因忠奸之爭論致意見之衝突而覆宗滅社死期不悞者古今一轍夫政策論者稀見於四千年歷史君子小人之辯占政治尙一大關鍵而生民休戚國家存亡之根本間題恍然不暇計焉夫議院競爭何國蔑有即日本

之議員亦嘗口角泡飛喧嘩潮湧然政論者攻策駁辯者是非而忠奸君子小人諸學詭不揮撓議事堂內故朝爲絕對之反對夕作同室饗燕者大隈之與伊藤西園之與大石類此不可枚擧者不可望於支那議會也吾知支那之開國會也內政外交之關係權利自由之計畫諸不先論必首有忠奸君子小人一番之爭駁因政治之基礎爲心術之評論勢必致於衝突滿洲黨者利用此衝突爲專制籍口地政府黨者亦利此爲植黨媒富豪者亦利此坑陷志士擢殘平民爲升官發財之階究之露露西亞酒麻議會之解散而後已於是又生一非常危險之問題此清政府終不能免者言之亦覺無碍即在革命前所出之代議士爲要求國會屈膝求憐媚容政政府者雖操術甚卑要亦費無量數之心血腦力因忠奸君子小人之辯致被解散前之婿政府如羊者今則吼政府如虎矣吾知此要求開國會者微論其宅心如何卑賤而虛榮議員之的不克償其願者未有不挺而走險如開國會議員必有千人以此千人昔之四百餘州即非皆文天祥謝疊山而漫罵煽惑文人學者長技況明亡以來洪陽嘁起支那之密秘結社己遍行省不過屢起屢敗暫爲隱伏而黨員密布

踰八十萬之數議員解散適爲注火之燃料則八十萬革命黨方慮無導火線者今則爆竹齊響矣滿洲黨借立憲爲中央集權者謂皇運告終之可也嗟嗟、四萬萬方里四百兆人民終歸滿黨乎抑歸列强乎抑還之漢族乎茫茫禹甸殺機勃勃中原之鹿不知死於誰手矣如不寔余言清政府立之憲可以通過則東亞之伯權日本未可據爲長有矣由是可進觀其財政

一國革改之際整理財政爲着手之點軍寔教育諸要政無經濟則成虛具清政府旣預備立憲自當清理財政作進行之基本進與支那之大藏省譚叩其每年豫算如何則答以政府之生活一年得三千萬兩此由支拂後帳簿推測也而攷其每年租稅本位詢之財政大臣而大臣不知詢之次官參議而次官參議不知詢之郎中主主事及奏任判任官而皆不知而能知者厥惟椽吏蓋椽吏視租稅簿記爲株式作世襲不變之權利如日本幕府家丁時代一國財政樞紐操之丁椽書吏之手爲私相受授之資而長官亦無由究詰此支那由來之積弊頹風非伊朝一夕可掃蘯而空者然不僅曹椽有此弊也清政府謂三千萬兩生活者是就督撫正貢金統計

而言其外如西太后御用金官僚賄賂金政府派出金有不僅六千萬九千萬者公私混合上下交利政府發號施令之地其寔一賣買賄賂塲而巳政府挾威力索諸督撫督撫挾威力取諸人民其取民之術有不可口舌形容者假定支那一畝之田合日本一反步合金一兩而取時則折錢千九百既入督撫之手則以千六百送中央政府而三百作已囊底之資此支那督撫之通例及入中央政府書吏曹椽先以百文納入囊中復以棒先爲替摺減耄銀諸名目一扣再扣一折再折而入於財政大臣之手不過千而已是督撫所得之欵較中央政府有過焉無不及者所以中央政府時出勒索督撫之手段冀分杯羹而督撫亦以財由田間來何妨略分餘瀝免盜人自盜之禍全國財政幾被督撫所鯨吞此支那官僚派願作督撫不願作宰相者良有由也支那人呼督撫曰海外天子者豈可忽乎哉　未完

文苑

老將行

芬儂

劍跋刓敝矛頭杌竦立霜天如俊鶻一聲長嘯寒雲飛雙睛睒睒深入骨五夜誰唱大刀鐶老將忽起氣如山匈奴未滅家安在男兒寧可樂憂患昔日射虎雁門磧賀蘭山頭試鳴鏑戰袍血色染作花虬髯雪凍森如戟劾虜夜起髮鬊鬊月黑軍火傳電迅千將一揮千練白羣羯頭落目猶瞬天子犒師眞豐腆有酒如淮肉如巘醉後渴椎黃羊血手拉胡雛使把醆十五從軍五十歸七十猶據健馬飛二十年來無征戰每撫髀肉淚滿衣千羣白帽橫笳來天地一閉久不開匣中寶劍忽龍吟觸起老夫思趙心

詠史二首

芬儂

丁斐盜官牛作官如作狗名器何太褻易餅以印綬我謂無怪此尚能囊貯守自昔

從政人宣聖噫筲斗晉卿重玉環楚令上下手詩詠貝錦文鬼蜮無不有所以陶靖節門前種五柳未能面目更難與周旋久舉世化閡籍自顧成老醜不如隱燕市悲歌飲美酒燕市有屠者擊筑眞吾友

彈琴入夜深起視秋霄碧涼風過竹響月華堆砌積顧影何踽踽寂如遠行客搖指數衆星攢簇銀河窄可知星之數總總原無額在彼日會中背向生明魄地球七萬里天空一砂礫奈何塵世人强爲生阡陌指名某爲某分野若成迹問天天不言但擲一片石拾石懷袖中寒鑱唫山脊

烏江渡懷古　芬儂

飄瞥一生霸業空英雄有淚泣重瞳那知天意便亡我不渡烏江最惱公秦地關河歸界劃魯邦父老自精忠美人駿馬名都在拔劍何須怨碧穹

半生幾見大王泣一夜驚聞楚些歌事到可憐無濟處戰能不敗奈天何英雄末路生還少子弟當年盡節多怪底烏江嗚咽去千秋恨事付流波

即事　金縷曲　鵾碧

休問平生意今方知舉世皆醒我尙獨醉眴目海波拍天項洶湧萬里聯翠適嗟啞鶼斯有二欲廻飈颻寧天池端不賴申申劉四詈對明月捬髀泣　飜身蹀躞捉雙鼻思此生厭棄瑚璉器也何器指點前面是櫻門花光如雲偺媚恁愛憐美人揾淚忽摩靑絲鋪滿巓堪泛泛中流若不繫思良友名荷蕢

詠徐烈士　調同前　鵑碧

死矣苦不早忍再見十年之後吳更爲沼二百餘年胡塵黑黃祖血食廢掉竟無箇男兒申討徒學猩猩成底事矧諸君雅媿猩猩腦天有荒地將老　那是辛螫甘食蓼奈我家春秋大義沒人深曉捨身宦海無町畦項領辱忍臺皁這苦苦生爲同胞拚將心肝飼猢猻待伺機先以彈丸導有三仁不爲少

詠秋女士　同前　鵑碧

秋風何曾起甚暘暘愁魔索命淒緊至此陷入玄旋寒沁骨遮面不敢仰視這磨牙厲吻神豸忽振素袂寫瓊瑤按字字盡是光復意倘曲者有如水　幽懷早從十年始擬拚灑萬萬頭顱千千血淚踏徧天涯尋蘇蕺任俠無一女子今單喪國女秋姊

料應齎志長難瞑偏剖辨死後增人恥撫遺墨傷心死

聞豫人受某黨運動今亦準備上書要求立憲抒慨　同前

鵑碧

飄瓦亦有因歎年來忮心益增動輒詬奏氣噫怎平金士披國喪驂驂滿身幸故宇義言未湮屬意光復奮白水兩千萬何渠難成軍今若此天乎人　此意我同湘靈均駕雲旗九天臨晲哭聲國民自昔中原文化地不容吠聲狺狺今效顰羣起捧心波突祖國雅堪悼忍黃炎掩泣無肖孫須自反莫余瞋

時評

高等學堂又起風潮矣

不醒

閱中外報。河南高等學堂又種出全體罷課一事。余讀至此。不禁髮直目眥河南官吏可殺紳士可殺而最親最愛之青年同胞可悲而又可憐也國危矣勢迫矣即文明日進千丈瓜分奴隸慘禍能脫與否難肯定解決際此千鈞一髮之秋爲河南官吏者當如何重視學務爲河南紳士者尤當如何重視學務詎可逞私憤忘危局張意氣蔑公理摧殘學生蹂躪學生其阬陷學生之罪猶小而蔑視學務之罪何以逃宇宙萬國夫官吏與學生久處反對地位其仇視學生者無論矣獨生於河南長於河南食於河南聚於河南之先生長者作官吏虎倀爲學生鷹隼即令罪皆在於學生而先生長者夙具休休有容度者獨不能抱容此少數不肖青年弱弟即不愛此少數不肖青年弱弟而河南前途遙遙賴以生存競爭世界者倘假此少數不肖青年弱弟繩繩繼繼於末路爲河南計者即不愛此少數不肖青年弱弟而亦當稍介憐矜之意存枯楊生蒂之想耳嗟夫先生長者茫茫千秋人壽幾何憐宥此少數不肖青年弱弟爲河南留一線生機可也顧曰辦學務難矣誠然然何以日本三島方里版圖較河南不相餘計高等官私立二百餘校中學五百餘校高等小學約三萬五千餘校日本人士何不危難乃爾今爲先生長者明告曰**辦學務不難不通學務而辦學務者則難不唯其難也因其難而師心妄用其遺害學務者將不可底止**大俍伯云不通學務而辦學務猶女不養子使嫁未有能養子者詢哉旨言何則、無論高中小學管理人員之敎育程度必在學生以尙而學務始克進步河南辦學務人員較學生程度尙底者余敢斷言其猶盲者跛者瘻疲者癃腫者而使其斲璞馭驥育鳳養麟未有不憒乃公事者夫亦河南進步後人教材歎難此勢局限人不能爲先生長者咎顧教育程度稍優於先生長者詎遂無儔不過比部太史翎銜八股七律頭角環顧河南鮮出先生長者右者即有一二受完全敎育之新進後生微論其嫌先生長者老髦頑固不屑與共事而先生長者亦視此爲眼刺背芒抑屈於僻州窮縣假普及教育虛名目防奪已根據地是論未必胥中先生長者肯然搆虛名謀葆荐者敢決定是先生長者之本懷顧誤矣夫搆虛名謀葆荐非善遇學者生不可未有全體學生皆庸劣駑材管理人員獨具靈質者此必無之理也高等學堂前年爲教習事即與監督衝突一次因之殺學生絞學生監禁學生擬請學律者有人擬辦刑徒者有人怪象現於河南奇禍種於學界高等學堂之學生前不死於先生長者手者亦幸耳究之縣押受辱除名解籍先生長者之憤恨終未如願相償時伺機洩毒今又因更換理化教育與先生長者重生枝節適中其夙憤餘毒應機而流遂以巳之去留與學生決生死觀對提學之言曰吾之無能力爲辭退但辭退後而革學生之權非自我操將四十名學生名簿請轉大帥祈作定奪噫是言也何異東閣秘語造成莫須有之寃也前閙風潮時余意先生長者即當辭退矣而遲遲無行者余又生意外冀倖屬望於先生長者得毋逗遛俟機補綴前愆乎今竟如是無望矣夫先生長者之去留無關河南學務之重輕而必與四十名學生爭去留先生長者之計狡矣吾知不唯此四十

名學生去而先生長者留即全體學生去而先生長者仍留督撫提學借先生長者爲殺學生之媒介而先生長者亦假督撫提學作消極之報復適如陽陰電交集無論玉石金鐵非破壞不止者是督撫提學與先生長者交乘之影響而四十餘名學生必無幸矣然而先生長者之計亦拙矣操監督之大權革退學生職其當爲果有非分之舉動溢於公理則不唯四十名監督能革即全體革之孰敢議其不當者今一則曰辭退再曰辭退授權於督撫提學而作狐假虎威之計殊不知適成奴隸之資格先生長者對付學生之志可爲苦矣憊哉先生長者雖然公理自在人心也此次罷課之理由吾敢決其直在學生者高等科目端重物理即無學生之要求管理教育者亦當充寔革良俾學生得寔驗功用高等學堂理科余所夙知儀器原料購自日本能用與否尚未敢知然教材不得其人縱有器械原料而混合配分不得其宜試驗無靈理化一科即歸無効（即日本因理科。更換教習者。亦所見不鮮）宜學生之要求更換也而監督曰經濟困難夫經濟困難即不必設此高等設此理科學問非兒戲事光陰不長來況高等即入大學豫備設物理化學科不能在高等學年時窮本竟原得物理之奧妙則入大學法科者尚可假學農林工商等科吾不知何以有受驗及格之望[illegible]日本四十年豫算表經濟非常困難而贈補學校建築金不減良非無故夫經濟困難四字經濟家慣用之口頭得毋先生長者經濟家而非教育家乎余不解也夫理化一科中國誠寥此教材然爲河南礦路農林種種寔業計尤爲最重之點無論經濟如何困難非認眞整頓辦理則將來河南寔業發達無望以此觀之即雇教材於外人亦無不可且與其以後築路開礦冶金鎔鐵皆假工師於外人何如急養人材備築路開礦冶金鎔鐵之用也今所困難者祗經濟耳較之需材時而無材者其難更何如也先生長者今恃一腔憤氣與學生反對者十年後當自笑其所見之淺耳總前後之衝突人言嘖嘖先生長者可以行矣嗟夫最親最愛之青年同胞此次全體罷課余不敢深表同情而憐其識見定力不足激而爲挺而走險之舉也世界稱軍人學生神聖不可侵犯者何也尙公理而不涉意氣明人道而不畏强權有完全人格無非禮行爲有奪我天賦自由固有權利奴隸我壓制我出其全力與抗死而後已此軍人學生神聖之名轟轟烈烈於世紀也而不然者逞小忿蔑大局同室操戈同類相殘則學生之價値低矣況鷸蚌相

持漁人得利披四千年亡國歷史何非同胞互相殘忌漁肉異族因以乘間伺隙也全體罷課慷慨激昂團結之志不謂不壯以之投於先生長者之前未免割鷄之用牛刀也彼先生者雖稍剛愎暴厲要亦血氣男兒也婉轉商之泣涕導之則如一家之父子兄弟切切偲偲和衷共濟天下事無不可爲矣豈區區於理化哉風雲慘憺大陸變色環顧乃祖乃宗之版圖何處非異種統權之下瞻焉西顧長劍欲揮大好頭臚隨山河而俱碎者胯辱幗羞無關奇傑胸臆也吾最親最愛之青年同胞棄其小者顧其大者內憂日深外患日迫願吾同胞振背而起逐世界之風雲余亦提三尺隨同胞後起、

潛龍蟠沮澤　鱗甲縮未伸　泥污爭勺水
時遭蝦鰌嗔、　朝迅雷震天起、　乃見怪物
奮鬣尾、　怒氣拂處動山岳、　水荇烟暖春
競和、

小說

海上健兒（續前）

馥忱譯

我自登船以後含辛茹苦忍氣吞聲然猶隱忍苟活者原打算着學些航海的法術操舟的技倆以達我後日一線之希望那知道我每天的職務比誰全下賤。不是叫刷洗地板。就是叫替人擦靴子。稍微重要的事情。絕不命令我從今天算起來。已經三個多禮拜了。還沒有叫我登過桅檣一次。不知道是甚麼原故。於是我亦常背着船長的眼目。到檣樓上看一看。不留神的時候被船長副船長看見就打罵一頓。然而我終不死心。見船長副船長不在的時候。就偸着到上邊觀望觀望。一來想着藉此練習胆力。蓋胆力的强弱全因腦力的强弱所見的事物少閱歷的境遇稀其腦力必幼穉感物的能力太新故見一奇怪之物驟當顚沛之境沒有不心驚神竦齒震肉顫的若是閱事既多腦力自壯胆力。亦就自然大了二來想着到上邊看看風景藉以休養、筋力調和、精神。我每天自早到晚的勞働身體實在的疲憊又加着天天受無數的凌虐生多少的悶氣伈伈俔俔日坐針氈滿腹悲憤抑鬱誰語眞令英雄短氣若不找一個開心的地方想一個排遣的方法就是不累死亦得愁死不愁死亦得氣死自己生命不能保就有天大的希望亦就沒有達到的日子了船上最好的地方就是檣樓上邊。究竟這檣樓在船上甚麼地方。是個甚麼樣式呢。我先把他的位置搆造。給看官說一說。凡船之叫作習波 (Ship) 的就是隻大船。大概全有前檣大檣後檣三根桅檣。這三個狠長都是幾根大木接成的。第一檣最下之部頗大。其上有形似涼臺的。即名爲檣樓。此處有一纜梯可以上升。其傍更有一新奇的桅檣。就是第二檣。此檣之上。更有一檣。就是第三檣。第三檣上邊。還有叫作羅衙爾瑪司特的。就是第四檣。此處爲船上的最高點。其搆造大略相同。不過其長短稍有點歧異。這麼看起來。檣樓地既寬闊。又不甚高。最適於乘涼望遠。所以水夫們在這上頭懸着搖籃。以爲休息之所。一日天氣和暢。淸風徐來。船長及副船長正在早寢。乘此機會。遂攝手攝脚的上了檣樓。到了上邊。胸襟亦鬆快了許多。眼界亦開擴了許多。立不移時。就覺着日來的困憊苦勞一時迸集。遂偃臥於一傍。以謀休息。豈知災星照命。睡魔侵人。不知不覺的竟入了邯鄲夢了。沒過五分鐘的時候。忽覺着皮鞭亂下。痛徹骨髓。開眼看時。乃是烈古羅。於是爬起來就跑。檣樓狠高。不敢往下跳。又不好下梯子。就在這檣樓上亂跑亂躲。烈古羅赶着毒打。登時面目青腫。大聲呼賓君來救。那知道往檣樓下一看。正與船長副船長的眼光相照。亦不知道他們兩人甚麼時候。就在底下觀望呢。捨着命的下了檣樓。對着船長哭訴了一遍。以爲烈古羅今天打我。是船長親眼見的。定可替我出口氣。豈料船長怒氣滿面。大聲道。胡說。大早晨的就跑在檣樓上睡覺。儞眞會偸懶哪。我就低聲答道。不敢偸懶。因着想看看檣樓的形勢。學學上纜梯的法子。所以到了上邊。船長又道。是了是了。儞是要想着學個速成的水夫麼。我一聞此言。心裏狠喜歡。以爲趁着他這一問的機會。學點正經的事情。倒是不幸之幸了。遂赶緊應道。是的。船長道。如此狠好。儞就立時上一上。上不去可不行的。副船長在傍邊撚着他的幾莖鼠鬚。冷笑道。就請他到羅衙爾瑪司特上邊看一看罷。當下船長就命烈古羅執鞭監督着。此時方悟烈古羅打我。乃是船長命令來的擡頭一看纜梯矗矗動搖高掛雲漢羅衙爾瑪司特地方。幾乎一眼看不到叫苦不迭正游移間忽覺背後一鞭痛入心腑以爲一不作二不休。與其受此搖楚遭此磨折終歸一死何如冒一冒險如能幸而落不下來猶可僥生於旦夕且登纜梯的工夫亦可一蹴而致千里於是遂一步一步的上起來了欲知後事如何且聽下回分解。

第二回　庇難友壯士奮老拳　登檣樓英雄遭毒手

却說邦多拉船內上下人役共四十餘名有法蘭西人有西班牙人有和蘭人有瑞士人有意大利人惟我爲英國人國界既殊感情自異所以我日夜之苦痛無可告訴的人無論受何種的壓制受何人的淩虐亦沒有憐惜我的踽踽涼涼與囚犯無異除驅使叱責以外與我交談者幾無一人然天地生人究竟好人多惡人少就是非澳兩洲的野蠻種族亦還具有幾分的人心苦世界上的人盡是惡人天地早已又成了混沌以前的樣子了還能一步一步的進化麼有一水夫名賓布列司乃一和蘭國人其初來的時候亦曾受非常的虐待故見我的光景深表同情諸蒙保護。

雖不能阻止船長等的暴威。然於衆水夫裏頭。頗有勢力。我的生命。蒙此人保護之力居多。賓君性情慈良。慷慨好義。四肢靈捷。膂力過人。狠爲衆水夫所敬愛。特度量不甚寬大。是其所短。水夫等概皆不知清潔。惟賓君修飾容貌。整頓衣履。然崇尙質朴。不好華麗。一日風雨大作。賓君登纜梯捲帆。頭髮紛披。顏色極爲沉着。大有叱咤風雨辟易蛟龍的氣象。彼時賓君的小影。至今尙在我腦子裏。即着其胸際寬而圓大。右胸刻有RR二字。以墨塗之。左胸刻一女子小像。塗以淺藍色。風致綽約。的是女子手筆。其風采可謂狠奇。自與賓君訂交以後。諸事蒙其庇護。乃漸漸的有了轉機。這就是我的前途一線光明了。船內水夫。佛蘭西人最多。其中有名烈剋羅的。此人性情殘暴。身體肥大。滿面髭鬚。蓬蓬然如一團茅草。從遠處看之。與海賊無異。一旦偶然因着一件小事情。致烈剋羅大發雷霆。咕嚕咕嚕的把我罵了一場。罵還不算。隨後更以老拳打傷我的鼻子。血流不止。賓布列司覩此情形。大動義憤。深爲不平。悄悄的走到烈剋羅背後。用力把池一推。就如山崩一樣。倒在地板上。後來烈剋羅强扎着着起來。於是擦拳摩掌。遂與賓君撕打。衆水夫等及事務長。全圍着看熱鬧。未幾副船長亦來看。究竟烈剋羅不是賓君的對手。不多時手足漸亂。匍匐倒地。賓君遂騎在他的身上。用鐵拳亂打。遂問道倆知道悛改不知道。此後不許倆動威利一指。若是違背我的命令。一定賞倆一百老拳。快着說。優聽老子的話不聽。烈剋羅伏地不語。賓君仍拳打不止。於是看的人遂對烈剋羅道。倆快快的求饒罷。不然還有倆的狗命麼。烈剋羅被打不過。遂說道再不敢了。於是賓君纔住了手。烈剋羅乃抱頭竄竄而去。自此以後。我的境遇遂大變了。船中有酒食的時候。亦分給我一份。夜間睡覺。亦有了乾淨的地方。這一個給我一條氈子。那一個給我一把刀子。飲食眠臥的用具。亦都有一點。遇見我辛苦的時候。亦有帮助着我辦的。對着我的一舉一動前後若出兩人。這亦不是他們天良發現。亦不是驟然生了惻隱之心。不過要在賓布列同面前討點好。所以有這種翻雲覆雨的事情。然亦是小人的常態。無足怪的。他們既然待我狠好。我亦就不念舊惡。把從前打我罵我的事。全都冰消霧散。亦遂合他們親近起來了。我想起賓君的好處。來眞覺感激涕零。仗着賓君的勢力。衆水夫等雖不敢像從前那樣凌虐我。而船長及副船長之殘暴。終不少減。雖賓君亦無如之何。

第三回　拯友難賓生好義　敍鄉誼梅女傾心

凡水夫入船之始第一件苦事即是登桅檣若幸而遇見個知道情理的船長始而則使其攀登低處以練習手足磨勵胆氣俟其胆氣漸壯手足漸熟乃使其漸次而高以至上凌絕頂如此則既無意外的危險而技藝亦可因之日進蓋登高者必自卑上達者必以漸天下事大抵皆然若遇事不計能否不顧利害輒想着躐等而進一蹴登天天地間那有這個道理呢又況人有冒險之能力乃可化險爲夷如無此能力而强其冒險即與置之於死地無異人之初次上船者一登甲版見波濤之洶湧即覺頭目俱眩心神似醉足底無根如强迫其攀登數百尺之桅檣又安能倖求生命之無恙呢從來少年氣盛之水夫登船未久即送其生命於無何有之鄉者大概皆因着登桅檣的緣故這個事情豈是輕於一試的麽然而我此時迫於船長的嚴命不敢不上攀登了一會巴到了第二檣的項上低頭一看覺看身懸空際搖搖欲墜不敢再往上去那知烈古羅手執皮鞭緊緊跟隨已到我足下無可奈何遂拚

命再進。然而自此而上。沒有纜梯。僅有兩繩可以攀躋。捨死忘生。勉强到了第三檣的帆桁中間。氣力俱竭。呼吸不絕如縷。連自己的身子。也覺難以支持了。不多一時。聽見下邊大聲的叫烈古羅道。拿鞭子再往上逼。不要留情。又有人說道。已經可以了。不要再往上去了。聽這口音。確是賓君。既而又望下一看。見有水夫數十人。在甲板上指天畫地的說話。一傍更有一穿藕荷色衣服的人。亦不知是誰。此時心胆已碎。那敢再看。正游移間。大腿上已竟着了兩皮鞭子。眞是骨痛如折。幾幾乎站立不住。無可如何。遂更拚命上登。却說第四檣之羅衙爾瑪司特。爲檣桅的極端。而且僅有一繩。毫無掛脚的東西。烈古羅又亂打亂喊。未上至半。覺筋疲力盡。魂魄喪失。身體不能自主。手足一鬆。聽見咕嘍的一聲。落於海內。此時昏昏迷迷。隨波上下。然而禍難尚未受盡。孽債尚未償清。那能就死。不多一時。生機又漸漸的回復過來。抬頭一看。邦多拉船已竟在數百步以外了。幸而我生來於泅水。遂鼓勇往前赶。然疲憊之餘。力不從心。那能赶上船行呢。游泳多時。已距船有半里多遠。明知是船長棄我而去。茫茫大海。已竟沒有再生之望了。又一轉眼。見前面十餘步以外。有一圓形的黑物。載沉載浮而來。近而一看。乃是恩人賓君。就聽他說道。威利不要害怕。我來了。我此時就如赤子見了慈毋的一般。喜的連話都說不出來了。忽然又見邦多拉船撥轉船頭。嚮着我們這裏行來。一定是來救我們無疑。這是甚麼緣故呢。因着賓君熟於海洋航路。善於修理機器。乃船上最不可缺的人。故無論船長怎麼樣的狠毒。亦不能拋棄賓君而不顧。若不是賓君來救我。那能再見人世呢。未幾船行漸近。衆水夫等投下一條長繩。我們二人遂緣着繩子上了船。衆人張羅了一會。漸漸的散去。賓君拿出一身舊衣服。令我換上。更替我將水擰去。搭在欄杆上晒着。我二人就坐在一旁。賓君道。威利倆今天海落亦有天幸。若是一直的落在船上。早已腦漿迸裂了。因着倆落到第二檣的時候。有一陣風把帆一鼓。遂把倆颺在海裏去。事後一想。豈不是不幸之幸麼。我此時又感激又驚恐。口舌亦鈍起來。說話中間。遠遠的見一穿藕荷色衣服的人踱來。想是我方纔在桅檣上看見的那個人。問賓君道。那是何人。賓君一抬頭。訝然道。這位姑娘。嚮來沒有到這裏來過。今天是有甚麼事情呢。正遲疑間。已走近來。呼賓君道。今天辛苦倆了。賓君就赶緊立起來道。梅彬姑娘。一向可好哇。今天怎麽肯輕身到這裏來呢。那姑娘道。方纔我在檣樓上用千里鏡看儞救人。佩服的狠。這位水夫受了傷沒有。我應聲答道。蒙姑娘費心。小可沒有受傷。那姑娘驚問道。閣下是英國人麽。我答道是。姑娘又道聽閣下的口音。像是英格蘭以南的人。我答道世居海士廷埠（Hastings）之桑巴西村。梅彬姑娘驚道。妾與閣下不但同國。而且同鄉。妾家居海士廷埠之麗丁村。相距僅四五十里。且貴村妾之親友甚多。在家的時候。妾時常到貴村去住。何以不認識閣下呢。亦幷沒有聽見過有叫威利的名字的人。請問令尊令堂何名。我答道家父名耶亞。家母名埃瑪。梅彬姑娘道久仰令尊大名。但未曾見過面。前年八月四號。妾與祖母赴岡比家晚餐會。曾與令堂談過一次。以此言之。閣下乃素封之家。爲甚麽屈就船上的事情。我此時已知梅彬姑娘是鄉親。遂開懷暢談。將自己生平航海冒險乘風破浪之志願。及違背親命偸入邦多拉船前後的事情。詳述了一遍。梅彬姑娘深贊我年紀雖幼。志氣甚壯。以爲不可多得。既而又問道閣下登船以來。已竟半年有餘。船長的待遇究竟如何。方纔强派儞登桅檣。究竟因爲何事呢。我聞此言。轉覺囁嚅起來。賓君見我作難。遂將我入船以後。船長虐待之情形。受難之始末。及此次强令登桅檣之原因。詳詳細細的了一遍。就見梅彬姑娘柳眉頻蹙。兩眼淸淚。滴溜溜的在眼眶內亂轉。幾幾乎沒有落下來。遂切齒罵道。妾自入船以來。見其所行各事。皆有背於人道。以暴易暴。出爾反爾。將來身之所受。恐怕較之施於人者還慘呢。賓君亦道。天網恢恢。疏而不漏。地獄之設。正爲斯人。將來就看他的結局罷。我接口道。兩位請勿佢罵船長。這一來是我的命運不好。二來是我違背父母的天罰。然天天在此魔國鬼窟裏頭受盡千磨百折。而終能不死。這就是我威利的天幸了。况說得了生死肉骨的賓君。遇見同國同鄉的梅彬姑娘。豈不更是如天之福麼。我此時已竟把從前的痛創苦楚。擲在九霄雲外了。賓君聽見我的話。遂頓足稱快道。好兄弟。倆的議論眞痛切。可叫頑石點頭。比愚兄强的多。梅彬亦嫣然一笑。正笑語間。又見一少女踱來。賓君謂梅彬道。素痕來了。想是要請姑娘回去。話猶未了。已到面前。向梅彬道。老爺請姑娘用膳。快請回去罷。欄扞上的衣服。忽然被風颺下來。賓君赶緊跑過去拾。梅彬見賓不在傍。遂細聲謂我道。君之苦楚。妾已盡知。妾之苦楚。尙無知者。俟後遇有機會。擬請君至妾處。妾二年來的憤悶愁苦。將盡訴之於君。且有他事相商。到時妾即遣素痕來請。言已遂去。不多時賓君回來。我就問梅彬之來歷。賓君道此女乃事務長的義女。愛之不啻親生。他來的比我在先。他的詳細歷史。我亦說不甚清。以後倆再見他的時候。就可直接問他。我道他臨去時。說後來遇有機會。要請我到他那裏去商量一件事。到底他有何事呢。眞令我模不着頭腦。賓君道看他今的的情形。聽他的話。可謂鐘情於倆。倆不要負他。接着長歎了一聲道。倆的年紀比我小。倆的豔福比我强的多呢。我當時不知豔福二字何解。求其爲我講解。賓君道這就是得美人垂青的意思。我又問道怎麽說我的豔福比倆强呢。賓君道。我若不以潦倒情場之故。那能落在這暗無天日的邦多拉船上呢。以後有閒工夫。再與倆細說罷。欲知後事如何。且聽下回分解。

附録

豫南天足會章程

(一)立會宗旨惟遵奉　懿旨勸人不纏足俾同志者可以互通婚姻無所觀望不及他事

(一)本會暫定名爲豫南天足會俟辦有成效再圖推廣現仍應與各有天足會互通聲氣以免閉塞

(一)本會設會長一員副會長二員文案一員書記一員會計一員司事一員調查女員四員用投票選擧法每會期爲一任概不收受薪水

(一)本會附設信陽州城內會立閱報所存總籍於中公擧同志掌之以便續入會者尋覓

(一)無論客籍土著及游幕經商者有會中人介紹皆可入會惟敎會中人不准攔入

第四期

（一）會中立一總籍凡入會者或到會或函致須詳著本人姓字籍貫職業及子女年歲已定婚未定婚字樣存總籍上爲入會之據本會即認爲會員

（一）會員有熱心願任勸導者由總會給會籍一册將本人姓名籍貫及子女年多或已定婚未定婚各節書於首頁凡所勸入者以次列後籍滿繳存會所另行換給

（一）會中子女互通婚姻惟必須兩家情願不能以同會之故强人爲婚會外有不纏足之女與本會中結婚者不禁

（一）入會者所生男子概不得娶纏足之女女子已纏足須概行解放惟已聘已字者不在此例

（一）凡入會後添生子女當隨時註於會籍彙送公所備查

（一）不纏足之女衣服式樣聽便惟鞋襪宜同男式

（一）會員須以本會章程約束本身子女至兄弟叔侄之女無論異居同居放足與否悉聽其便勿得强迫如能設法使之樂從更妙

（一）入會後有不遵會約仍娶纏足之女或縱女纏足者凡會友皆有調查責任並可

隨時報告總會公同議罰斥出會外

（一）會員妻女有壯年熱心實行放足以提倡本會者由同人公贈女界文明輭匾並撰文敬頌以彰勇義

（一）每季出勸導不纏足雜文或詩歌或演說數次無論名人論著會員來稿概印刷分送以廣勸導

（一）本會自光緒丙午年四月成立嗣後每年四月下旬星期日開會一次會期前十日由司事通知各會員以免屆期延誤惟距會所有百里外者尙可通融

（一）裝定會籍刷印文件在在需欵無論會中會外有捐助經費者收欵後一律刋印台篆張貼會所並於年終彙登河南官報以誌高誼

（一）以上章程如有未盡事宜仍由同人隨時修改以期完善

右列各條係禀准藩學臬憲立案並蒙州尊出示提倡如有任情誣衊意圖阻撓者送官懲處

第四期

晉乘廣告

本社六大主義一發揚國粹二融化文明三提倡自治四獎勵實業五收復路鑛六經營蒙盟議論精實深邃逈非浮夸皮傅者所能企及其中研究國語闡釋古學者諸篇尤爲空前絕後之作文藝一欄更能滌舊革新獨樹一幟咸有裨益社會之文不類無關時世之作誠文明時代無雙之饒將雜誌世界唯一之霸王也第一二號出版後大受社會歡迎三號現已付梓不日出書識時之傑有志之士曷一覽焉如欲訂購者祈逕函達本社或向雲南四川河南夏聲諸雜誌社訂閱皆可

每册一角四分半年六册七角全年十二册一元二角

日本東京神田區仲猿樂町五番地

晉乘雜誌社

國報第一出板

本報以指導國民獨立提倡地方自治爲主義數年來吾國所聚訟之政見一旦爲根本之解決如土委地眞國民之箴言寶訓而救亡之金科玉律也神洲無直言久矣放便嬖之淫辭造公正之輿論其在斯乎文辭法理質文彬彬現代吾國政治界唯一之大雜誌也憂時之士其亦先睹爲快乎二號付梓不日出版如欲訂購者祈逕函達本社或向雲南四川河南晉乘夏聲各雜誌社及各支部訂購皆可。

全年十二册二元　半年六册一元一角　零售一册二角

日本東京神田區中猿樂區五番地

國報社啓

國報第一號目次

關隴雜誌廣告

（第三期已出）

關隴爲西北鎖鑰。天然占優勝之形勢。其存亡得喪。在歷史上地理上。罔不與神州全局有絕大之關係。況自俄人受挫遼陽後。𢌞風西轉。撼我崑崙。西北急警。日緊一日。本社同人。旣切桑梓之危。復深祖國之痛。爰自忘其愚。矢移山志。組織斯報。專以提倡愛國精神。濬瀹普通智識爲宗旨。其於强俄在西蒙回疆之舉動。及關隴與吾國全局關係之點。尤特別注意。發揮靡遺。凡留心西北情勢者。幸垂覽焉。

日本東京麴町區飯田町五ノ三六

關隴雜誌社啓

四川雜誌各代派處

成都四川雜誌社支部	四川省城學道街志古堂轉邵明叔
重慶本社支部	四川省重慶城督郵街廣益書局
嘉定寶善書局	四川省嘉定府城內土橋街
榮縣閱報社	四川省榮縣城內西街洪春店丁厚扶
大竹書報社	四川省大竹縣城南門內
康子猷君	四川省會理州城內
陶懋辛君	四川省夔州府公立中學堂
光裕公號	四川省資州城新正街
吳恩洪君	四川省忠州東門外泰興正號
敘府劉春和	四川省敘府大南門外
永順堂號	四川省綏定府河街
美興公號	四川省打箭爐
何成瑜君	四川省甯遠府昌西官小學堂
周代本君	四川省廣安州學務局
黃石書君	四川省永川中學堂
洪芝生君	四川省合江縣城外上街洪森盛

四川雜誌廣告

登岷峩之巔以矚中國西南半壁 六詔危兩藏急 蜀之形勢險殆極矣 而地屬邊陲 民智錮蔽 釜魚幕燕 其樂方酣 本社同志惄焉傷之 爰組織斯報 以餉邦人 其主義在輸入世界文明 研究地方自治 經營藏衛領土 開拓路礦利源 就此等問題切實發揮 和平鼓吹 使我蜀國同胞 起作神州砥柱 噫秋色蒼茫 海天萬里 云誰之思 西方美人 我七十萬伯叔兄弟 諸姑姊妹 其亦將聞風而起乎 全年十二冊 零售每冊貳角 訂半年者一元一角 全年二元 郵費另加

日本東京麴町土手三番町七番地

四川雜誌社啓

江西雜誌廣告

莊周有言。泉涸則魚相呴以沫。而相忘於江湖。故鳥之將死。其鳴哀。心所謂危。必以告。本社同人。慨故鄉之不競。傷來日之大難。願同長吉之嘔心肝。不避孫卿之譏口耳。刺取所學。組一雜誌。顏曰江西。專以導引文明。濬發民智。鼓吹地方自治。圖謀社會公益。嗟夫、歐風東捲。國步艱危。江西處揚子江流域。潮流震盪。日益劇烈。而日本朝報。聲言欲括諸州權利。南潯軌線。延緩徒勞。數載工程。渺渺章門。沉沉黑獄。廬山黯其無色。贛水咽而失聲。於人曰浩然。安得文山之氣。問天其何意。太息若士之詞。言之不文。惟以告哀。邦人諸友。其或有取於斯。

江西雜誌社啓

售報價目表

全年	十二冊	二元
半年	六冊	一元一角
零售	一冊	二角

郵費外加

廣告價目表

期限	一頁	半頁
一期	六元	四元
二期	十一元	七元五角
三期	十五元	十一元
半年	卅元	廿一元五角

西歷五月三日印刷
中歷四月三日印刷
西歷五月五日發行
中歷四月五日發行

編輯兼發行人　武人
東京市神田區中猿樂町四番地
印刷人　藤澤外吉
東京市小石川區大塚窪町壹番地
編輯所　河南編譯部
東京府北豐島郡巢鴨村九八七番地
發行所　河南發行所
東京市神田區中猿樂町四番地
印刷所　秀光社
河南省城內西大街路北
內地總發行所　大河書局

廣告取次所　河南編譯部

東京代派所
神田駿河臺　中國留學生會館
仝神保町　中國書林
仝　三省堂
仝　富山房
仝猿樂町　日華書局
仝小川町　東華書局
牛込早稻田鶴卷町　麟圖閣

武學雜誌

我國重文輕武之風。沿爲痼習。苶然疲役。不知所歸。舉國上下。矜尚文弱。久不研究武學。且鄙棄軍人爲不足道。至今列强交迫。日甚一日。非賴鐵血。終爲淪亡。黑奴紅夷。滅種不遠。波蘭印度。刧火猶新。前車可鑒。萬難幸免。茲得軍界留學諸君。集合同志。組織一武學編譯社。編纂軍事各種新書之外。月出武學報一冊。譯著精確。議論嶄新。振愛國尚武之精神。洵起死回生之丹汞。願我帝國男子。人手一冊。而性命之。則我中國之興强也。如湧海之旭日

北京前門外虎坊橋

總發行所 北洋陸軍圖書編譯局

日本東京麴町區元平川町五番地

通信處 武學社

武學雜誌

我國重文輕武之風。沿爲痼習。苶然疲役。不知所歸。舉國上下。矜尚文弱。久不研究武學。且鄙棄軍人爲不足道。至今列强交迫日甚一日非賴鐵血終爲淪亡黑奴紅夷滅種不遠波蘭印度刼火猶新前車可鑒萬難幸免。玆得軍界留學諸君集合同志。組織一武學編譯社。編纂軍事各種新書之外月出武學報一册譯著精確議論嶄新振愛國尚武之精神洵起死回生之丹汞願我帝國男子。人手一册而性命之。則我中國之興强也如湧海之旭日

總發行所　北京前門外虎坊橋　北洋陸軍圖書編譯局

通信處　日本東京麴町區元平川町五番地　武學社